"十四五"职业教育部委级规划教材

新时代中职生劳动教育

主　编　张湘宾　王学利　李玉鸿
主　审　班建武　丁邦文
副主编　李福东　乔　伟　刘家君
参　编　（按姓氏首字母排序）
　　　　才其花　侯德花　雷　莉
　　　　王　雁　汪玫珺　张　伟
　　　　张玉琴

中国纺织出版社有限公司

内 容 提 要

本书共六个项目，其主要内容包括：树立劳动观念，创造劳动价值；传承劳动精神，争当劳动先锋；铸就劳动品质，提升劳动素养；参加生活劳动，培养劳动能力；掌握劳动知识，夯实劳动基础；体验职业劳动，提高劳动技能。本书根据中职校园劳动教育开展的实际情况，理论与实践相结合，以行动导向为路径进行编写，科学设计劳动任务，将理论、实践、考评有机结合，使学生得到全面立体的学习、感知和体会，从而汲取丰富的劳动文化，树立正确的劳动观念。

图书在版编目（CIP）数据

新时代中职生劳动教育 / 张湘宾，王学利，李玉鸿主编. -- 北京：中国纺织出版社有限公司，2024.5
ISBN 978-7-5229-1753-5

Ⅰ.①新… Ⅱ.①张… ②王… ③李… Ⅲ.①劳动教育—中等专业学校—教学参考资料 Ⅳ.①G40-015

中国国家版本馆CIP数据核字（2024）第088430号

责任编辑：顾文卓　向连英　　特约编辑：武亭立　郭妍旻昱
责任校对：寇晨晨　　　　　　　责任印制：储志伟

中国纺织出版社有限公司出版发行
地址：北京市朝阳区百子湾东里A407号楼　邮政编码：100124
销售电话：010—67004422　传真：010—87155801
http://www.c-textilep.com
中国纺织出版社天猫旗舰店
官方微博 http://weibo.com/2119887771
三河市海新印务有限公司印刷　各地新华书店经销
2024年5月第1版第1次印刷
开本：787×1092　1/16　印张：13
字数：211千字　定价：39.80元

凡购本书，如有缺页、倒页、脱页，由本社图书营销中心调换

新时代中职生劳动教育编写委员会

编委会主任

张旭辉　冯　波

编委会副主任

潘江如　骆新华

编委会成员

（按姓氏首字母排序）

阿孜古丽·买买提　海丽其姑丽·亚森

李东河　苏晓玲　陶吉群　王彩红

魏成伟　于　洁　余　彬　余冬贞

严需宁　张军森　张雪莉　张令勇

朱政辉　周学伟

前言
PREFACE

2018年习近平同志在全国教育大会上强调："要在学生中弘扬劳动精神，教育引导学生崇尚劳动、尊重劳动，懂得劳动最光荣、劳动最崇高、劳动最伟大、劳动最美丽的道理，长大后能够辛勤劳动、诚实劳动、创造性劳动。"劳动教育促进个体沉浸在身体力行的劳动文化中，完成对个人身体机能、工艺技能、知识水平的提升，并对个体的意志品质和精神力量予以完善，从而得到更高的精神文化浸润。2020年3月，《中共中央 国务院关于全面加强新时代大中小学劳动教育的意见》（以下简称《意见》）印发。2020年7月，教育部印发了《大中小学劳动教育指导纲要（试行）》（以下简称《纲要》）。为贯彻落实《意见》和《纲要》，各中等职业院校纷纷开设劳动教育课程。因此，为配合各学校劳动教育课程教学，编者编写了本书。

本书以培养中职学生正确的劳动价值观和良好的劳动品质、提升中职学生劳动技能为目标，坚持正确的政治导向，合理渗透思想政治教育，充分体现中华优秀传统文化和社会主义核心价值观，引导中职学生树立正确的劳动观念，获取必备的劳动能力，学习积极的劳动精神，养成良好的劳动习惯和品质，从而实现中职学生劳动教育的总体目标。

本书采取项目任务式编写体例，根据中职学校劳动教育的特点和中职学生的学习认知规律，设置了六个项目，包括"树立劳动观念，创造劳动价值""传承劳动精神，争当劳动先锋""铸就劳动品质，提升劳动素养""参加生活劳动，培养劳动能力""掌握劳动知识，夯实劳动基础""体验职业劳动，提高劳动技能"。同时，穿插"思政导学""劳动故事""劳动词典""劳动反思""劳动提示"等模块，以增强教材的视觉效果，激发学生的学习兴趣。

本书是一部凝结了各中等职业院校教师集体智慧的通识课程教材，具有以下五个特色：一是有机渗透思政。设置"思政导学"模块，在劳动教育中寻找思政元素和思政知识点，把劳动教育和思政教育有机融为一体。二是任务驱动，行动导向。按照"任务导入""物资准备""知识准备""任务链接""任务筹划""任务实施""任务评价""任务检测""任务拓展"的步骤组织内容，让学生实现"干中学"。三是教学配套资源丰富齐全。本书配套资源在当前中职生劳动教育教材中较为丰富、齐全。四是融媒体平台支撑。数字化资源统一配置在融媒体平台上，便于教师和学生在移动终端使用。五是可视化呈现。本书配有大量的思维导图和劳动图片，图文并茂，有利于调动学生的学习积极性。

  本书编写团队是来自新疆各高校、中等职业院校和相关领域的优秀教育工作者、研究者和实践者。他们的共同努力与贡献使本书充满了多元的视角和实践的丰富性。本书由张湘宾、王学利和李玉鸿担任主编，李福东、乔伟、刘家君担任副主编，才其花、侯德花、雷莉、王雁、汪玫珺、张伟、张玉琴参与编写。具体编写分工是：张湘宾、雷莉、侯德花、张伟负责编写项目一至项目三，张玉琴、王雁、才其花、汪玫珺负责编写项目四至项目六。本书由王学利、李玉鸿整体策划，张湘宾拟定提纲、统筹、统稿、定稿，李福东、乔伟、刘家君负责设计教学大纲、审查配套课程资源，由班建武、丁邦文两位主审负责对全书的框架结构、编写内容进行严格把关。

  本书在编写过程中，参考了相关专家、学者的已有研究成果，在此表示感谢。同时，本书的编写也得到了全国劳动教育领域的专家、新疆维吾尔自治区教育厅、新疆工程学院以及一线教学团队的大力支持与帮助，在此表示衷心的感谢！由于时间紧迫和编者水平有限，不妥和疏漏之处在所难免，敬请广大读者批评指正。

编者
2024 年 4 月

目录 CONTENTS

项目一 树立劳动观念，创造劳动价值

任务一　熟悉中华优秀传统劳动文化 …………………………………… 3
任务二　掌握新时代中国特色社会主义劳动观 ………………………… 10
任务三　反对错误的劳动观念 …………………………………………… 18
任务四　树立正确的劳动观念 …………………………………………… 27

项目二 传承劳动精神，争当劳动先锋

任务一　培育劳动精神 …………………………………………………… 39
任务二　弘扬工匠精神 …………………………………………………… 46
任务三　学习劳模精神 …………………………………………………… 55
任务四　争当劳动先锋 …………………………………………………… 62

项目三 铸就劳动品质，提升劳动素养

任务一　诚实劳动 ………………………………………………………… 71
任务二　合法劳动 ………………………………………………………… 77
任务三　协作劳动 ………………………………………………………… 83
任务四　创造性劳动 ……………………………………………………… 90

项目四 参加生活劳动，培养劳动能力

- 任务一　个人劳动…………………………………………………105
- 任务二　家务劳动…………………………………………………112
- 任务三　校园劳动…………………………………………………117
- 任务四　垃圾分类…………………………………………………124

项目五 掌握劳动知识，夯实劳动基础

- 任务一　维护职业健康……………………………………………137
- 任务二　保障劳动安全……………………………………………143
- 任务三　掌握劳动法规……………………………………………149
- 任务四　维护劳动权益……………………………………………156

项目六 体验职业劳动，提高劳动技能

- 任务一　认识新就业形态下的劳动………………………………165
- 任务二　农业生产劳动……………………………………………172
- 任务三　工业生产劳动……………………………………………180
- 任务四　商业服务劳动……………………………………………189

参考文献………………………………………………………………199

项目一 树立劳动观念，创造劳动价值

项目导读

　　劳动观念是人生观和价值观的重要组成部分，不同的劳动观念对劳动者的工作态度和行为产生不同的影响，进而影响个体劳动者的职业发展和社会发展。本项目通过设计制作一件榫卯作品、制作一个弘扬劳动精神的短视频、绘制一幅反诈宣传海报、体验环卫工人的工作等劳动活动，讲解如何在实践中学习中华优秀传统文化中丰富的劳动文化，并树立正确的劳动观念。

项目目标

● **政治认同**：学习中华优秀传统文化中蕴含的劳动文化，领会党中央关于劳动教育的思想内涵和精神实质，增进对中华优秀传统文化的认同感。

● **职业精神**：弘扬中华优秀传统文化中的劳动精神，自觉参与劳动实践，培养良好的劳动习惯，树立正确的职业观念。

● **法治意识**：学习劳动相关的法律法规，增强法律意识，保护自己的合法权益。

● **健全人格**：充分认识劳动是创造价值的基础，是实现个人价值和社会价值的重要途径。

● **公共参与**：积极参与各种社会实践活动、志愿者活动，了解社会需求和劳动市场的变化，增强社会适应能力。

任务一　熟悉中华优秀传统劳动文化

设计、制作一件榫卯作品，学习中华优秀传统文化中的劳动文化。

工具准备

卷尺、角尺、铅笔、橡皮、砂纸、木工锯、刨子、凿子、锤子等。

材料准备

白纸、卡纸、木工胶、木板等。

一、中华优秀传统劳动文化的内涵

　　中华优秀传统文化中的劳动文化源远流长，自强不息、勤俭节约、艰苦奋斗一直是中华民族的传统美德，受到人们的重视和崇尚。劳动是人们生存和发展的基础，是个体道德修养的重要途径，也是实现自我价值的必要手段。中华优秀传统文化中的劳动文化强调劳动是对自然和生命的尊重，要勤劳、刻苦，要持有尊重劳动、尊重劳动者的态度，要保持和谐的劳动关系。

二、弘扬中华优秀传统劳动文化的方法

（一）认识中华优秀传统劳动文化的当代价值

　　虽然古代社会物质资源匮乏、自然条件恶劣，但是中华民族用勤劳的双手创

造了伟大的物质文明。现代社会，随着经济发展水平的提高，物质生活日益丰富，一些青少年出现了好逸恶劳等错误的劳动观念，把劳动与劳累、痛苦联系起来，视之为享受生活的对立面。其实，无论什么时代，社会条件如何变化，劳动都是高尚的、光荣的。

（二）在实践中传承中华优秀传统劳动文化

在日常生活中，要严格要求自己，从小事着手、从小处着眼，自觉地养成勤俭节约的生活习惯；要敢于走出"舒适区"，挑战"不可能"，肯吃苦，形成在劳动中甘于奉献的美好品德，做传承中华优秀传统劳动文化的新时代劳动者。

一、榫卯的概念及特点

榫卯是中国古代家具、建筑，以及器械的主要结构方式，是在两个构件上采用凹凸部位相结合的一种连接方式。其中，凸出部分称为榫（或榫头），凹进部分称为卯（或榫眼）。榫卯的特点是不使用钉子，而是利用榫卯加固物件，体现了中国古老的劳动文化和智慧。一榫一卯之间，一转一折之际，凝聚着中国几千年传统劳动文化的精粹。

崔氏木工榫卯技艺
闪耀中国工匠大智慧

二、榫卯的制作工艺

榫卯的制作工艺是一个非常复杂和精细的过程，一般包括设计制图、准备材料、制作榫头和卯口、组装调整等步骤，每一个步骤都需要精湛的技艺和一定的专注力。常见的榫卯结构有楔钉榫、燕尾榫、插肩榫、综角榫、抱肩榫等，如图1-1所示。这些榫卯结构不仅具有实用性，而且以其独特的构造和精湛的工艺体现了中国古代工匠的非凡智慧和高超技艺。

项目一　树立劳动观念，创造劳动价值

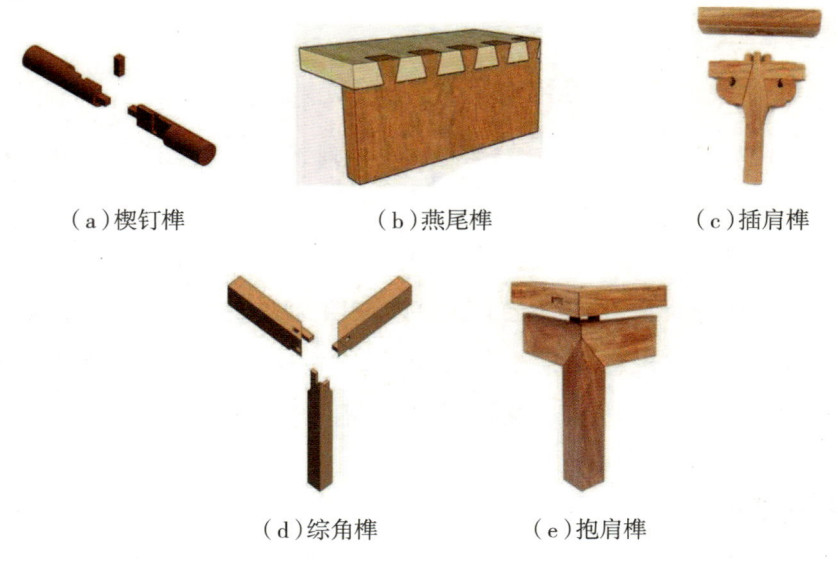

（a）楔钉榫　　　（b）燕尾榫　　　（c）插肩榫

（d）综角榫　　　（e）抱肩榫

图 1-1　常见的榫卯结构

劳动故事

杨颖杰：一榫一卯　匠心木作

在第三届全国工业设计职业技能大赛决赛中，来自湖北生态工程职业技术学院的杨颖杰在 19 个小时内，设计、制作出一张没有一颗钉子，由近 30 个开口榫组成的全榫卯结构的椅子。杨颖杰凭借无比精湛的技艺和巧妙的家具设计创意摘下桂冠。

"刀砍斧劈、刨锯凿钻、锤实锉平，都是咱们'木工人'必备的基本功。"杨颖杰说，"要想做出复杂、精巧的家具，不仅需要控制细节、保持精益求精的态度，还需要练就扎实的基本功。"一根木条不仅考手艺，也考耐心、验人心。当大家都觉得太枯燥，纷纷离开时；当大家都在打游戏、睡懒觉、出去玩时，他几乎整日"泡"在工作室，潜心练习各项基本功。正是这段"苦行僧"般的生活，使他磨砺了心志，练就了专业技艺，并受用终生。"榫卯就像人体的关节，是一种灵活的连接方式，必须完美相扣。"为了练就精细交接构合的手感，每一种常见的榫卯结构，杨颖杰都练习了至少五六百次。

杨颖杰说："择一事，终一生。希望有更多年轻人传承传统手工艺，让榫卯结构等中国古代劳动人民的智慧结晶流传下去。"

（资料来源：一榫一卯　匠心木作，湖北日报，2024-01-03）

5

经典文献中的劳动

千百年来,人类用自己的劳动改造世界、创造财富、改善生活。在我国古代的文字记录中,有不少和劳动有关的内容。

西汉史学家司马迁在《史记》中记述了周武王在二月初二举行盛大仪式,率文武百官亲耕的事迹。西晋皇甫谧的《帝王世纪》里记载,"三皇"之首伏羲重农桑,务耕田,每年二月初二都要"御驾亲耕",百姓也要在这一天下田耕作。到了宋元时期,二月初二的含义进一步扩大,既是"耕事节",又是"劳农节""踏青节"。

任务筹划

筹划项目	筹划内容
榫卯连接方式的选择	
榫卯木头板凳的设计及材料、工具的选择	
榫卯作品展示的设计	

采用榫卯结构用木头做板凳时,需要先准备好原材料,根据木料(圆木墩子、加工好的木板毛料、刨光的木板净料)选择合适的工具。做板凳的榫卯连接方式一般有燕尾榫、插肩榫、圆木榫等。

步骤 1 设计和测量。确定要制作的作品形状与大小,测量、选择连接的木材尺寸如图1-2所示,并绘制出相应的设计图纸。准确的测量是制作榫卯的基础,因为榫卯只有准确地与木材对接,才能达到稳定的连接效果。

图1-2 测量、选择连接的木材尺寸

项目一 树立劳动观念，创造劳动价值

切割木材。根据设计要求和测量结果，使用木工锯将木材按照所需的尺寸切割成相应的形状，确保切割的边缘平整、垂直，如图1-3所示。

图1-3 切割木材

制作榫头、卯底。使用凿子在一块木材上切割出榫头的形状。将另一块木材放置在榫头的位置上，使用铅笔在榫头的表面画出卯底的形状。之后，使用凿子慢慢切割出卯底的凹槽，确保凹槽与榫头的形状相匹配，如图1-4所示。

图1-4 制作榫头、卯底

修整和打磨。使用刨子修整木材的边缘，使其平整、光滑，如图1-5所示。

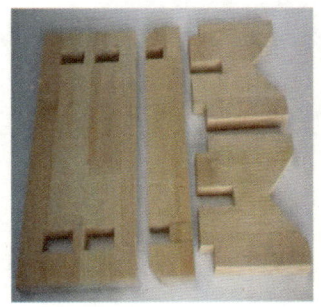

图1-5 修整和打磨

组装成品。将榫头插入卯底，测试连接的稳固性和贴合度。根据需要，可以使用锤子轻轻敲打榫头，使其更加牢固，确保被连接的木材之间没有任何间隙，如图1-6所示。

图1-6 组装成品

勤俭、奋斗是根植于中华民族心灵深处的文化基因。中华民族具有勤于劳动的品质，能够在几千年的历史发展中生生不息、历久弥新。榫卯结构的背后，体现出中国古代劳动人民的勤劳和智慧，也蕴含了古人的哲学思想。顺应自然规律，有效利用木材的特性，达到实用和美观的完美统一。

（1）在设计制作榫卯作品的时候，你遇到了什么困难？
（2）你对自己的作品感到：□很满意 □比较满意 □不满意 □很不满意。
（3）在制作榫卯作品的过程中，你有哪些收获？

序号	任务实施成果	评价标准	是/否
1	任务完成质量	进行作品设计、合理制订计划、完成并展示作品	
2	任务完成进度	按照计划分步骤完成，在制作过程中能较为熟练地选择和使用工具	
3	团队协作情况	任务实施过程中集思广益、互相帮助，主动与他人合作交流	

一、单项选择题

1.（　　）是创造美好生活和推动社会进步的基础。
A.实践　　　　B.劳动　　　　C.奉献　　　　D.创新

2.在中华文化中，自强不息、勤劳奋斗是个人美德的体现，是实现（　　）和社会进步的必要条件。

A.社会价值　　　　B.物质价值　　　　C.精神价值　　　　D.自我价值

3.中华民族是勤于（　　）、善于创造的民族。正是因为劳动创造，我们拥有了历史的辉煌；也正是因为劳动创造，我们拥有了今天的成就。

A.奋斗　　　　　　B.奉献　　　　　　C.劳动　　　　　　D.节俭

4.党的二十大报告强调，"坚持和发展马克思主义，必须同中国具体实际相结合。必须同（　　）相结合。"

A.中华优秀传统文化　　　　　　　　B.先进文化

C.西方文化　　　　　　　　　　　　D.民族文化

5.（　　）是根植于中华民族心灵深处的文化基因。

A.奋斗、劳动　　　B.创新、奉献　　　C.勤俭、奋斗　　　D.诚信、正直

二、多项选择题

1.人生价值包括（　　）和（　　）。

A.自我价值　　　　B.精益求精　　　　C.社会价值　　　　D.追求卓越

2.中华优秀传统文化中的劳动文化强调（　　）。

A.节约　　　　　　B.勤劳　　　　　　C.刻苦　　　　　　D.创造

3.从古至今，（　　）的劳动精神一直是中华民族的传统美德，受到人们的重视和崇尚。

A.自强不息　　　　　　　　　　　　B.勤俭节约

C.艰苦奋斗　　　　　　　　　　　　D.勤俭致富

4.设计制作一件榫卯作品的实施步骤一般包括设计测量、（　　）。

A.切割木材　　　　　　　　　　　　B.制作榫头、榫底

C.修整打磨　　　　　　　　　　　　D.组装成品

5.常见的榫卯结构有抱肩榫、（　　）等。

A.楔钉榫　　　　　B.燕尾榫　　　　　C.插肩榫　　　　　D.综角榫

三、判断题

1. 劳动精神的传承，是对中国传统劳动观念的创造性转化和创新性发展。（ ）
2. 现代社会劳动依然是创造物质财富的重要方式，是实现自我价值的必要手段。（ ）
3. 劳动者应该明白劳动创造美好生活、劳动不分贵贱，从而热爱劳动，尊重普通劳动者，培养勤俭、奋斗、创新、奉献的劳动精神。（ ）
4. 榫卯是中国古代家具、建筑，以及器械的主要结构方式，是在两个构件上采用凹凸部位相结合的一种方式。（ ）
5. 现代社会物质条件非常优越，已经不需要弘扬勤俭节约的精神了。（ ）

运用榫卯结构原理，设计、制作一件小礼品送给朋友或家人。

任务二　掌握新时代中国特色社会主义劳动观

制作一个弘扬劳动精神的短视频，体会新时代中国特色社会主义劳动观。

项目一　树立劳动观念，创造劳动价值

 **物资准备**

工具准备

视频剪辑软件：如Vegas、会声会影、剪映等，可以拼接、修剪视频片段。

视频录制软件：如OBS Studio、Camtasia、Bandicam等，可以录制电脑屏幕上的活动，并保存为视频文件。

音频编辑软件：如Audacity、Adobe Audition等，可以录制、编辑和混音音频。

图形设计软件：如Adobe Photoshop、Canva等，可以设计和制作视频的封面和海报。

材料准备

相机、手机、摄像机、道具、脚本、服装、音效、灯光等。

 **知识准备**

一、新时代中国特色社会主义劳动观的内涵

党的十八大以来，党中央多次围绕树立劳动意识、端正劳动态度、培育劳动习惯、弘扬劳动精神等内容进行了深刻阐述，形成了新时代中国特色社会主义劳动观，其核心内涵是"劳动最光荣、劳动最崇高、劳动最伟大、劳动最美丽"。

二、践行新时代中国特色社会主义劳动观的方法

（一）树立正确的劳动观念

深刻理解劳动的价值和意义，认识劳动是推动社会进步和个人成长的根本力量。尊重劳动，尊重劳动者。

（二）积极参与劳动实践

在学校和生活中，积极参与各类劳动实践，如清洁校园、实训操作、志愿服务等。通过亲身参与，感受劳动的艰辛与快乐，培养吃苦耐劳、踏实肯干的品质。

（三）提高职业技能水平

专注于职业技能的学习和提高。通过系统的学习和实践，掌握扎实的专业知识，提升技能水平，为将来成为高素质劳动者打好基础。

"魔鬼风区"的逆行者：李长青

李长青是新疆维吾尔自治区塔城公路管理局额敏分局玛依塔斯防风雪抢险基地副班长。玛依塔斯四周都是山，该区域是暴风雪灾害区，每年8级以上大风天气多达180天，被称为"魔鬼风区"。10多年来，李长青和队友先后参加防风雪、保交通工作700多次，累计机械驾驶时长14000多个小时，成功营救遇险人员2万余人，无一人伤亡。

2011年秋，21岁的李长青考入塔城公路管理局额敏分局。不久，他被派到玛依塔斯，成为一名见习抢险机械驾驶员。初出茅庐的李长青来到玛依塔斯防风雪基地，对平地机、除雪机、装甲车等机械一窍不通。于是，李长青认真学习、虚心请教，经历了一个冬天的洗礼，便能熟练地驾驭除雪车，也熟悉了玛依塔斯风区的每一公里路段，成为一名可以"独立作战"的抢险队员。李长青还掌握了大型挖掘机的驾驶技术，在技能比武中多次获奖，成为最年轻的机械操作多面手。

李长青说："我会继续传承老一辈公路人的精神，不抛弃、不放弃，用自己的努力，为司乘人员、群众'拼'出一条安全的通道。"2023年1月，李长青入选2022年第四季度"中国好人榜"名单；2023年4月，被评为2023年全国"最美职工"。

（资料来源：奋斗成就"最美"人生——走近2023年"最美职工"，新华网，2023-04-30）

制作一个弘扬劳动精神的短视频，要综合考虑设计构思、拍摄剪辑等多个环节的因素，需要注意的事项及提升短视频质量的技巧主要包括以下几点。

（1）设计构思。短视频需要快速吸引人们的注意力，因此，在内容的选择上要注意有趣、新颖和有启发性，明确要传达的信息或情感。

（2）撰写脚本。细化每个镜头的拍摄内容。考虑视频的整体风格，选择合适的色彩、音乐和特效。

（3）拍摄技巧。在拍摄过程中，尽量使用三脚架，以确保画面不晃动，并注意利用自然光线或使用灯光营造氛围。综合运用不同的拍摄角度，如特写、中景、远景等，来增加视觉的层次感。

（4）剪辑制作。后期制作时可使用专业的视频剪辑软件。剪辑时，要注意镜头的切换，且过渡要有节奏感，衔接要自然流畅。可适当添加音效、背景音乐、字幕，还可以利用调色、滤镜等特效功能，提升视频的整体质感。

（5）传播推广。注意不同传播平台对视频格式的要求，可根据需要进行格式转换。在社交媒体平台推广时，可分享视频链接或二维码，扩大视频的影响力。

总之，制作短视频需要不断学习和实践，通过不断尝试和改进，提高制作水平。

任务筹划

筹划项目	筹划内容
确定主题	
制订计划	
撰写脚本	
人员分工	
后期制作	

任务实施

前期准备。确定短视频的主题和受众群体，搜集相关素材，进行构思创作、编写脚本等。

制订拍摄计划（表 1-1）。拍摄计划涉及时间、人员分工、场地安排、道具、服装、拍摄方法等方面的内容。

表 1-1　制订拍摄计划

序号	拍摄方法	时间	画面	解说	备注
1	采用全景	4 秒	3 月 12 日，老师和同学们在校园里参加义务植树活动	春风拂面、万象更新，师生们抓住大好春光，人人参与植树活动，为绿化、美化校园环境尽一份力	

13

续表

序号	拍摄方法	时间	画面	解说	备注
2	中景	5秒	同学们通过参与各类服务性劳动、日常生活劳动和生产劳动,将劳动与日常学习有机结合,发现并解决个人生活的各类问题,在解决问题的过程中掌握劳动技能,培养劳动兴趣,养成良好劳动习惯	开展劳动教育是贯彻党的教育方针的重要举措,也是学生成长的必要途径,具有树德、增智、强体、育美的综合育人价值	
3	近景	5秒	学习习近平同志关于劳动的讲话:激励广大职工在辛勤劳动、诚实劳动、创造性劳动中成就梦想	希望广大劳动群众大力弘扬劳模精神、劳动精神、工匠精神,诚实劳动、勤勉工作、锐意创新、敢为人先,依靠劳动创造扎实推进中国式现代化,在强国建设、民族复兴的新征程上充分发挥主力军作用	

进行拍摄。按照计划进行实地拍摄,注意场地、灯光、音效等因素,如图1-7所示。

图1-7 进行拍摄

后期制作。利用视频剪辑软件,将拍摄的素材和前期搜集的相关素材进行剪辑、加工、音效添加、字幕制作等后期处理,如图1-8所示。

图1-8 后期制作

项目一　树立劳动观念，创造劳动价值

完成作品。将制作好的短视频导出为所需要的格式，如MP4、AVI等，并根据小组成员的意见进行修改完善，如图1-9所示。

图1-9　完成作品

思政导学

2015年4月28日，习近平同志在庆祝"五一"国际劳动节暨表彰全国劳动模范和先进工作者大会上强调，"一切劳动者，只要肯学肯干肯钻研，练就一身真本领，掌握一手好技术，就能立足岗位成长成才，就能在劳动中发现广阔的天地，在劳动中体现价值、展现风采、感受快乐。"新时代对青少年的素质能力提出了新的更高要求——德智体美劳全面发展，只有通过劳动和创造，才能播种希望、收获果实，磨炼意志、提升自我。

劳动反思

（1）在制作短视频的过程中，你遇到了哪些困难？是通过什么方法解决的？

（2）你对自己制作的短视频感到：□很满意　□比较满意　□不满意　□很不满意。

（3）在制作短视频的过程中，你有什么收获？学会了哪些制作短视频的小技巧？

序号	任务实施成果	评价标准	是/否
1	主题	有清晰明确的主题，能够准确传递宣传信息，达到宣传效果	
2	创意	具有独特的创意和风格，能够吸引人们的注意力，并给人留下深刻的印象	
3	素材内容	内容丰富、有深度，并符合规范	
4	画面音效	画面清晰、整洁，色彩搭配合理，注重细节；音效清晰、协调，与画面内容相得益彰	
5	制作剪辑	剪辑流畅、自然，各个场景之间的切换应该协调、有逻辑	
6	团队合作	具备良好的团队合作精神，能够和其他人协作完成工作任务	

一、单项选择题

1.党的十八大以来，习近平同志多次围绕（   ）、端正劳动态度、培育劳动习惯、弘扬劳动精神等内容进行了深刻阐述。

A.树立劳动意识　　　　　　　B.劳模精神

C.工匠精神　　　　　　　　　D.勤俭精神

2.在学习劳动教育的过程中，应该如何认识劳动的价值和意义？（   ）

A.劳动是一种职业，是为了谋生而从事的活动

B.劳动是一种创造性的活动，能够实现个人价值和社会价值

C.劳动是一种负担，是为了完成学校或家庭安排的任务

D.劳动是一种兴趣爱好，是为了追求个人快乐和享受

3.（   ）是实现个人幸福和美好生活的必经之路。

A.创新　　　　B.劳动　　　　C.发展　　　　D.科技

4.在拍摄短视频的过程中,要尽量使用(　　　),以确保画面不晃动。
A.闪光灯　　　　　　　　　　　B.滤镜
C.收录麦克风　　　　　　　　　D.三脚架

二、多项选择题

1.必须牢固树立(　　　)的观念,让全体人民进一步焕发劳动热情、释放创造潜能,通过劳动创造更加美好的生活。
A.劳动最光荣　　B.劳动最崇高　　C.劳动最伟大　　D.劳动最美丽

2.我国亿万劳动群众是建设社会主义现代化强国的主体力量,广大劳动群众要以劳动模范为榜样,(　　　)不断谱写新时代的劳动者之歌。
A.爱岗敬业　　　B.勤奋工作　　　C.锐意进取　　　D.勇于创造

3.劳动教育具有(　　　)的综合育人价值。
A.树德　　　　　B.增智　　　　　C.强体　　　　　D.育美

4.制作短视频用到的工具主要有(　　　)等。
A.视频剪辑软件　B.视频录制软件　C.音频编辑软件　D.图形设计软件

三、判断题

1.劳动是财富的源泉,也是幸福的源泉。(　　　)
2.劳动没有高低贵贱之分,任何一份职业都很光荣。(　　　)
3.只有通过辛勤的劳动,才能获得财富,创造美好生活。(　　　)
4.现在社会条件越来越好,已经不需要爱岗敬业、勤奋工作了。(　　　)
5.在制作短视频时,首先需要确定短视频的主题和受众群体,搜集相关素材,进行构思创作、编写脚本等。(　　　)

任务拓展

以"寻找最美丽的劳动身影"为主题,用短视频的形式记录身边劳动者的故事,从中体会和感悟"劳动最光荣、劳动最崇高、劳动最伟大、劳动最美丽"的劳动观,并和同学交流分享。

任务三 反对错误的劳动观念

绘制一幅反诈宣传海报，宣传网络刷单、电信诈骗的危害，以增强防范意识，反对错误劳动观念。

工具准备

电脑：用于设计、编辑和制作海报。

设计软件：如 Adobe Photoshop、Adobe Illustrator、InDesign 等，用于制作、美化海报。

文字处理软件：如 Word、Pages 等，用于编辑和排版文本。

图片素材：可以自己拍摄，也可以从网上获取反诈相关图片。

材料准备

纸张、剪刀、胶水、画笔、颜料等。

一、错误的劳动观念

错误的劳动观念是指对劳动的认识和理解出现偏差，不能正确对待劳动和劳动者，以及工作和职业的态度。常见的错误劳动观念有以下五种。

（一）轻视体力劳动

认为体力劳动是低级劳动，不如脑力劳动有价值，并且不尊重体力劳动者。

（二）崇拜金钱至上

认为劳动只是为了追求金钱和物质利益，忽视劳动对个人成长和社会发展的价值。

（三）追求轻松工作

认为工作应该轻松、悠闲，既不愿意付出努力，也不愿意承担工作中的责任和压力。

（四）职业歧视

认为某些职业低人一等、不体面，对从事这些职业的人持有偏见和歧视。

（五）缺乏尊重和感激

对劳动者缺乏尊重和感激，认为劳动者就是服务者，不珍惜劳动者的付出和劳动成果。

错误的劳动观念会影响个人对职业的认识，忽视劳动的价值和意义，缺乏工作热情和动力，工作效率低下，从而影响个人职业规划和发展。

二、网络刷单与电信诈骗

（一）网络刷单

网络刷单常见于电商平台上的"炒信"行为。一些商家为提高店铺的信誉度和好评率，找刷单平台、网络刷手，用虚假的好评和流量来提高网店的排名和销量，以此吸引顾客。

（二）电信诈骗

电信诈骗是指犯罪分子通过电话、网络和短信方式冒充他人身份，获取受害人的银行账号、密码、身份证号等个人信息，达到诈骗钱财的目的。常见的电信诈骗手法包括冒充电信公司客服人员、公检法机关工作人员、金融机构工作人员等各类专业人士，利用各种手段欺骗受害者。

网络刷单、电信诈骗等违法犯罪行为严重侵害了个人信息、财产安全，扰乱了社会秩序，破坏了社会信用，影响了经济社会稳定运行和国家网络安全。这种情况的发生正是利用了人们想不劳而获、一夜致富、轻松赚快钱的错误思想和错误劳动观念。

最美基层民警：杨文卿

杨文卿是上海市公安局浦东分局刑侦支队九队队长、反诈中心副主任，从警20年以来，在打击治理电信网络诈骗的最前线奋战了16年。杨文卿不断与犯罪分子斗智斗勇，在"看不见的战场"上为老百姓挽回财产损失。2023年，他荣获全国"最美基层民警"的称号。

杨文卿带队侦破各类电信网络诈骗案件3000余起，止损2亿余元，由他首创的打击电信网络诈骗犯罪"技战法"在全国推广。杨文卿和同事创新地提出"全链条打击"理念，打造了反诈一体运作闭环模式——从潜在被害人预警，到案发后的信息研判，再到被骗资金的止付冻结。2023年，浦东公安分局成功劝阻潜在被害人5万余人，追赃挽损1.1亿元，追赃挽损率较前一年提高4倍，挽损金额位列全市第一。

"止案于未发，变反诈为防诈"，这一策略成效显著。杨文卿和同事在打击破案的同时，也致力于深耕反诈宣传体系建设，探索反诈宣传新路径。

（资料来源：打击电诈16年，"最美基层民警"杨文卿首创的"技战法"在全国推广，解放日报，2024-01-18）

绘制一幅高质量的海报，需要注意的技巧包括以下方面。

（1）主题方面：海报的主题和目的一定要明确，而且要根据主题设计整体风格和布局。

（2）色彩方面：选择合适的色彩搭配，能够增强视觉效果；用颜色来突显主题，能够吸引人们的注意力。

（3）文字方面：文字要简洁明了，避免复杂、冗长；字体的选择既要与主题相符，也要考虑美观性；排版时要注意间距适当、布局合理。

（4）图形方面：选用清晰度高的图片和图形元素，可以增强海报的视觉效果。

同时，注意所选图片和图形要与主题相关，从而准确反映海报的内容。

（5）排版方面：合理的排版能使海报更加美观。可适当运用一些特殊效果，如重合叠加、色彩渐变、3D立体等，使海报更有创意和吸引力。

此外，在海报制作过程中，还要充分考虑目标受众和宣传渠道，这样才能更好地达到宣传效果。

《中华人民共和国反电信网络诈骗法》

2022年9月2日，十三届全国人大常委会第三十六次会议表决通过了《中华人民共和国反电信网络诈骗法》，自2022年12月1日起施行。《中华人民共和国反电信网络诈骗法》是为了预防、遏制和惩治电信网络诈骗活动，加强反电信网络诈骗工作，保护公民和组织的合法权益，维护社会稳定和国家安全。

《反电信网络诈骗法》施行一周年总结

任务筹划

筹划项目	筹划内容
确定主题	
搜集资料	
设计版面	
撰写文本	
制作海报	

确定主题。确定海报的主题和目标受众,主题可针对网络刷单、电话诈骗等,目标受众涉及年龄段、职业等方面,见表1-2。

表1-2 确定主题

主题	目标受众	尺寸大小	颜色搭配	文字	备注
警惕网络刷单	"90后""00后"群体	A3	图片选择以醒目的红黄色为主色调	"刷单炒信"损害消费者合法权益。商家通过信用炒作获得的"良好"数据容易引起消费者误解,侵害消费者的知情权,侵害同业经营者的合法权益。一些商家通过"刷单炒信"制造数据、吸引流量,侵害了那些诚信商家的利益,是一种不正当的竞争行为	
防止电信诈骗	"80后""90后"群体	A2	以蓝色和白色为主色调,画面简洁,突显主题	常见的电信诈骗手法包括冒充电信公司客服人员、公检法机关工作人员、金融机构工作人员等各类专业人士,利用各种手段欺骗受害者。电信诈骗行为的得逞,某种程度上正是利用了一些人不劳而获、幻想一夜致富、轻松赚快钱、大钱的贪婪、错误心理	

搜集资料。通过互联网、书籍等途径,搜集相关的素材和资料作为海报的内容,包括图片、数据、案例等,如图1-10所示。

图1-10 搜集资料

设计版面。根据目标受众的特点和宣传效果的要求,设计海报的版面和风格。可以使用设计软件,也可以手绘,如图1-11所示。

项目一　树立劳动观念，创造劳动价值

图 1-11　设计版面

撰写文本。根据内容和目标受众，编写简洁明了、引人注目的文字内容，强调反诈意识和防范措施。避免使用过于专业或复杂的术语，如图 1-12 所示。

不转账：学习了解银行卡常识，保障自己银行卡内的资金安全，决不向陌生人汇款、转账。

及时报案：万一上当受骗或听到亲戚朋友被骗，请立即向公安机关报案，可直接拨打110，并提供骗子的账号和联系方式等详细信息，以便公安机关开展侦查破案。在汇款、转账前，要再三核实，不要让不法分子得逞。

图 1-12　撰写文本

23

制作海报。可将设计好的版面和文字内容导入设计软件中，进行排版、编辑和美化，也可进行手绘制作，如图1-13所示。

图1-13　制作海报

思政导学

网络刷单、电信诈骗严重影响了网络和信息安全，没有网络安全就没有国家安全，就无法保障广大人民群众的利益。幸福不会从天而降，梦想不会自动成真。只有通过辛勤、诚实的劳动才能获得财富，创造美好生活。所有寄希望于走捷径、挣快钱、贪图一时之利的做法最终都会害人害己。

劳动反思

（1）在绘制海报的过程中，你遇到了哪些问题？是通过什么方法解决的？

（2）你对自己绘制的海报感到：□很满意　□比较满意　□不满意　□很不满意。

（3）在绘制反诈宣传海报的过程中，你有什么收获？学会了哪些制作海报的技巧？

序号	任务实施成果	评价标准	是/否
1	主题创意	主题清晰明确，具有独特的创意和风格，能够吸引人们的注意力	
2	文字内容	文字内容简洁明了，能迅速、准确地传递信息，能避免过于专业化、复杂冗长的文字表述	
3	制作技术	能够熟练掌握设计软件和工具，制作出高质量的作品，或者具备一定的手绘能力	
4	团队合作	具备良好的团队合作精神，能够和其他同学协作完成工作任务	

一、单项选择题

1.（　　）9月2日，十三届全国人大常委会第三十六次会议表决通过了《中华人民共和国反电信网络诈骗法》。

A.2021年　　　　B.2019年　　　　C.2022年　　　　D.2020年

2.错误的劳动观念对个人的影响是什么？（　　）

A.降低就业竞争力　　　　　　　　B.阻碍职业发展和规划

C.降低经济收入　　　　　　　　　D.降低生活水平

3.在关于学生劳动教育的表述中，下列哪项是错误的？（　　）

A.劳动是一种创造性的活动，可以培养学生的创新思维

B.劳动是一种体力劳动，不需要动脑思考

C.劳动是一种实践，可以让学生更好地理解理论知识

D.劳动可以帮助学生掌握实际技能，提高就业竞争力

4.只有通过（　　）才能铸就辉煌，实现人生梦想。
A.诚实的劳动　　　B.良好的社交关系　　C.凭借好运气　　D.获得高学历

5.海报的文字内容要（　　），字体的选择要与主题相符。
A.简洁明了　　　B.复杂深刻　　　C.注重知识性　　D.注重趣味性

二、多项选择题

1.常见的错误劳动观念包括（　　）。
A.轻视体力劳动　　　　　　　　B.崇拜金钱至上
C.追求轻松工作　　　　　　　　D.职业歧视、缺乏尊重和感激

2.常见的电信诈骗手法包括冒充（　　）等各类专业人士，利用各种手段欺骗受害者。
A.电信公司客服人员　　　　　　B.公检法机关工作人员
C.金融机构工作人员　　　　　　D.律师

3.关于学生劳动教育的重要性体现在哪些方面？（　　）
A.培养学生的实际操作能力和职业技能
B.帮助学生树立正确的劳动观念和价值观
C.培养学生的团队合作精神和沟通能力
D.提高学生的就业竞争力和适应社会的能力

4.中职学生应该如何对待劳动教育？（　　）
A.认真对待劳动教育，认识到劳动的价值和意义
B.积极参与各种劳动实践活动，提高自己的实际操作能力和职业技能
C.注重培养自己的创新思维和实践能力，激发创造力和创业精神
D.学好专业知识就可以了，劳动教育没有什么作用

5.在海报的排版上，可适当运用一些特殊效果，如（　　）等，使海报更有创意。
A.重合叠加　　　B.色彩渐变　　　C.图片编辑　　　D.3D立体

三、判断题

1.网络刷单是一个电商衍生词，常见于电商平台上的"炒信"行为。（　　）

2.电信诈骗是指犯罪分子通过电话、网络和短信方式冒充他人身份，获取受害人的银行账号、密码、身份证号等个人信息，达到诈骗钱财的目的。（　　）

3. 错误的劳动观念可能导致个人对劳动和职业的认识产生偏差。（　　）
4. 网络刷单不会影响市场经济和社会的稳定发展。（　　）
5. 要根据目标受众的特点和宣传效果的要求，设计海报的版面和风格。（　　）

任务拓展

观看反诈相关影片，并结合身边的事例，制作一幅预防电信诈骗的宣传海报。

任务四　树立正确的劳动观念

任务导入

体验环卫工人的工作，感受普通劳动者的劳动情怀，树立正确的劳动观念。

物资准备

工具准备

扫帚、簸箕、铲子、垃圾桶、清扫车、拖把、钢刷等。

材料准备

清洁剂、抹布、手套、工作服、口罩等。

 **知识准备**

一、正确的劳动观念

正确的劳动观念是一种积极向上、认真负责、热爱劳动、乐于进取的态度，能够帮助每一个劳动者更好地认识劳动、珍惜劳动成果、实现自我价值，从而为社会经济高质量发展和中国式现代化作出力所能及的贡献。正确劳动观念的内涵体现在以下几个方面。

（一）积极向上

以乐观的心态面对工作中的难题，坚信自己有能力和潜力，并在学习中不断成长、进步。

（二）认真负责

对待工作要尽心尽力，注重每一个细节，追求高标准和高效率。无论是在学校还是职场，都应该保持敬业精神，努力做好本职工作。

（三）热爱劳动

喜欢自己从事的工作，并愿意为之付出时间和精力。只有真正热爱劳动，才能在工作中找到乐趣，实现自我价值。

（四）乐于进取

勇于接受挑战和变化，不断开拓新的领域。在工作中，应该敢于创新，勇于尝试，不断寻求突破和进步。

二、践行正确劳动观念的方法

（一）正确认识劳动的价值和意义

充分认识到劳动是创造价值的基础，是实现个人价值和社会价值的重要途径。

（二）培养勤奋劳动的习惯

积极参与日常生活中的各种劳动，珍惜劳动成果，培养勤劳的习惯。

（三）树立正确的职业观念

了解各种职业的特点和要求，明确职业没有高低贵贱之分，树立正确的职业观念。

（四）学习劳动相关的法律法规

了解有关劳动的法律法规知识，增强法律意识，保护自己的合法权益。

任务链接

一、环卫工作准备

（1）准备工具和设备：根据工作要求准备相应的工具和设备，确保工作顺利进行。

（2）熟悉工作流程：要掌握和熟悉不同类型的工作内容和流程，及时发现问题，提高工作效率。

（3）严格遵守安全措施：严格遵守操作规范，保证自身和他人的安全。

二、环卫工作技能

（1）清扫街道：熟悉城市街道自然环境，有效清扫街道，保持街道的清洁卫生和美观。

（2）垃圾收集：熟悉垃圾收集流程，有效收集垃圾，并将其正确投放到指定的垃圾场地。

（3）除草：熟悉草地的特点，有效除草，保持街道的绿化美观。

劳动故事

爱琢磨的环卫工人：张金海

张金海在退伍后被分配到东城胶州路与府前街环卫小组，成为一名环卫工人。起初，面对这份"扫大街"的工作，张金海心里多少觉得有些落差，但他很快调整好心态："不管干什么工作，只要用心干，没有干不好的。"在之后的工作中，张金海逐渐找到了这份工作的价值。他在负责道路清扫时，发明了可以伸缩变形的大扫帚和不用蹲下或弯腰就能捡垃圾的工具；他在做公厕管理员时，发明了分体式红外线感应便池冲洗器，解决了冲水电磁阀安装保养不便、冬天易冻裂的问题。

从事环卫工作的30多年里，张金海实施技改项目80余项。一张张设计图纸，一个个创新发明，把人们刻板印象中"粗笨重"的环卫工作，干出了"科技范儿"。

从一名普通环卫工人成长为首席技师、全国劳动模范、全国人大代表，张金海和他的环卫"神器"一起，让工友的工作更加"精细巧"。如今，年过半百的张金海仍在用争分夺秒的拼搏劲头和精益求精的工匠精神，续写着他的"环卫故事"。

橘红的"坚守"

（资料来源：让环卫工作更有"科技范儿"，光明网，2023-10-30）

劳动词典

环卫工人节

环卫工人被人们赞誉为"城市黄玫瑰""马路天使"和"城市美容师"，是城市卫生环境保障的重要力量。每年的10月26日为环卫工人节。

任务筹划

筹划项目	筹划内容
明确任务	
组织安排	
合理分工	
准备工具	
总结反思	

劳动提示

由于环卫工人需要长时间在户外进行劳动，受天气及周围环境的影响且劳动强度较大，所以做环卫工作时，应穿戴好工作服并做好个人防护，最大程度保障个人的健康和安全。

项目一　树立劳动观念，创造劳动价值

任务实施

步骤1　做好上岗前的准备工作。穿戴好工作服（图1-14）及个人防护用品。

图1-14　工作服

步骤2　清扫车道边缘（图1-15）。用扫帚沿着车道边缘将垃圾、杂物等清扫至一处，再装入清扫车将其运走。

图1-15　清扫车道边缘

步骤3　清扫路沿石（图1-16）。用扫帚沿路沿石边缘将垃圾清扫干净，再用簸箕将垃圾装进垃圾桶。

图1-16　清扫路沿石

31

步骤 4 清扫人行道路面（图 1-17）。用扫帚将路面清扫干净，把垃圾装进垃圾袋。

图 1-17　清扫人行道路面

步骤 5 清运垃圾（图 1-18）。搬运垃圾桶并将其装至专门的垃圾清运车，然后运到指定的垃圾回收站。

图 1-18　清运垃圾

步骤 6 巡回保洁（图 1-19）。定时进行巡视、检查，确保环境持续清洁和卫生。

图 1-19　巡回保洁

项目一　树立劳动观念，创造劳动价值

思政导学

工作没有高低贵贱之分，只有劳动分工的不同。环卫工人的工作平凡而伟大，环卫工作对于保障城市卫生、保护环境、提升城市形象、推动环保意识等方面具有重要的意义和价值。做好环卫工作要有不怕苦、不怕脏、不怕累的精神。

劳动反思

（1）在清扫保洁工作中，你遇到了什么问题？是如何解决的？

（2）你对自己的清扫保洁成果感到：□很满意　□比较满意　□不满意　□很不满意

（3）环卫工作在有些人眼中是脏活累活，通常这些人从事这类劳动时，会碍于情面、产生畏难情绪。想要克服这种情绪，需要树立什么样的劳动观念？

任务评价

序号	任务实施成果	评价标准	是/否
1	工作态度	认真负责、积极主动、勤奋努力，不怕脏、不怕累，有奉献精神	
2	工作质量	按照规定的工作标准和流程进行操作，确保工作的准确性和完整性，保证工作质量符合要求	
3	工作效率	保证工作按时完成，不拖延、不推诿，做到高效、快速	
4	团队合作	具备良好的团队合作精神，能够和其他人协作完成工作任务	
5	遵守规章制度	严格遵守相关规定，不违规操作，保证工作的安全性和合法性	

任务检测

一、单项选择题

1. 正确的劳动观念是一种积极向上、认真负责、热爱劳动、（　　）的态度。
   A. 乐于进取　　　　B. 不计报酬　　　　C. 精益求精　　　　D. 团结互助

2. 如何在实际工作中践行正确的劳动观念？（　　）
   A. 只做自己擅长的工作，避免不熟悉的工作任务
   B. 在工作中注重个人利益，不考虑集体利益和社会责任
   C. 积极参与日常生活中的各种劳动，珍惜劳动成果，培养勤劳的习惯
   D. 在工作中追求高效率和质量，尽可能减少工作时间

3. 为什么要树立正确的劳动观念？（　　）
   A. 正确的劳动观念能够帮助劳动者更好地认识劳动、珍惜劳动成果、实现自我价值
   B. 劳动可以赚钱，是生存的需要
   C. 劳动需要一定的技能
   D. 体力劳动不需要一定的知识

4. 环卫工人被人们赞誉为"城市黄玫瑰""马路天使"和（　　）。
   A. "白衣天使"　　B. "灵魂工程师"　　C. "和平卫士"　　D. "城市美容师"

5. 环卫工人是城市卫生环境保障的重要力量，每年的（　　）是环卫工人节。
   A. 10月10日　　　B. 10月20日　　　C. 10月26日　　　D. 11月26日

二、多项选择题

1. 应该如何看待体力劳动和脑力劳动？（　　）
   A. 体力劳动和脑力劳动都是低级劳动，只有穷人才会从事
   B. 体力劳动和脑力劳动都是为了挣钱，是谋生手段
   C. 体力劳动和脑力劳动都是社会必需的劳动，没有高低之分
   D. 体力劳动和脑力劳动都是个人的选择，没有贵贱之分

2. 全社会都要贯彻（　　）的重大方针。
   A. 尊重劳动　　　　B. 尊重知识　　　　C. 尊重人才　　　　D. 尊重创造

3.环卫工人如何提升工作效率？（　　　）

A.延长工作时间　　　　　　　　　B.优化工作流程和分工

C.提高个人技能和能力　　　　　　D.加强团队合作和沟通

4.环卫工作在（　　　）等方面具有重要的意义和价值。

A.保障城市卫生　　B.保护环境　　C.提升城市形象　　D.推动环保意识

三、判断题

1.脑力劳动者比体力劳动者更值得我们尊敬和学习。（　　）

2.从事体力劳动不需要学习与思考，从事脑力劳动不需要动手操作。（　　）

3.劳动只有分工不同，没有高低贵贱之分。（　　）

4.做好环卫工作，需要有不怕苦、不怕脏、不怕累的精神。（　　）

5.做环卫工作时，应穿戴好工作服并做好个人防护，最大程度保障个人的健康和安全。（　　）

任务拓展

在校园里发起一次关爱环卫工人的宣传活动，为身边的环卫工人提供力所能及的帮助，如送一瓶"爱心水"或者一份"爱心餐"，和他们一起清扫路面、捡拾垃圾等，以实际行动献上自己的一份爱心。

项目小结

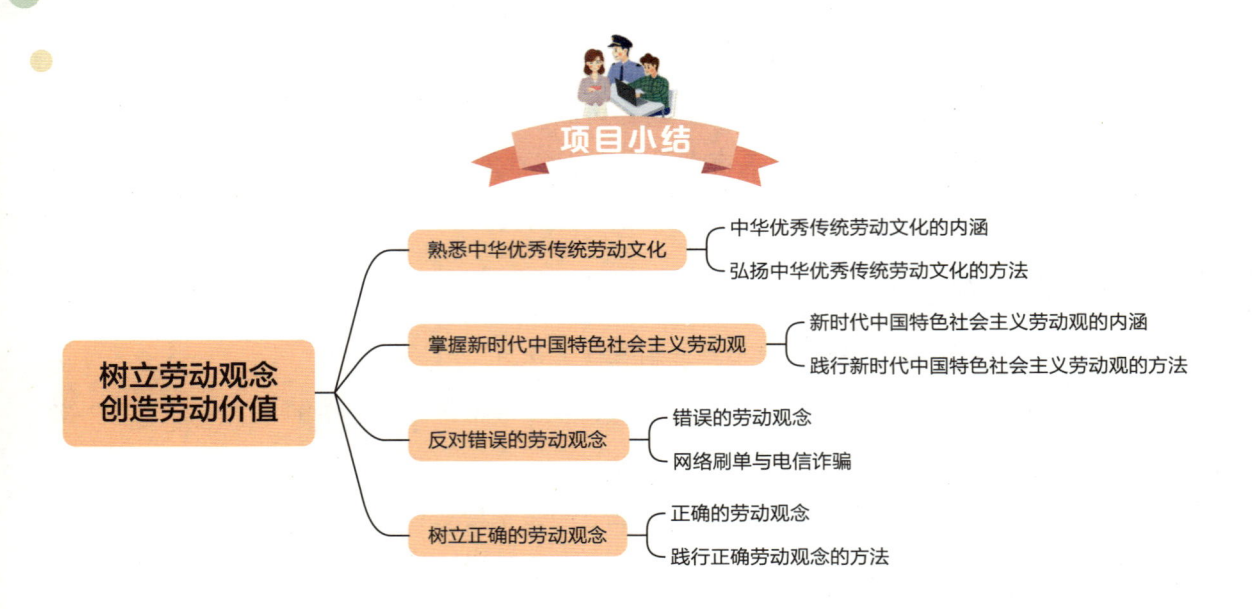

- 树立劳动观念 创造劳动价值
  - 熟悉中华优秀传统劳动文化
    - 中华优秀传统劳动文化的内涵
    - 弘扬中华优秀传统劳动文化的方法
  - 掌握新时代中国特色社会主义劳动观
    - 新时代中国特色社会主义劳动观的内涵
    - 践行新时代中国特色社会主义劳动观的方法
  - 反对错误的劳动观念
    - 错误的劳动观念
    - 网络刷单与电信诈骗
  - 树立正确的劳动观念
    - 正确的劳动观念
    - 践行正确劳动观念的方法

项目二 传承劳动精神，争当劳动先锋

项目导读

　　劳动精神是指劳动者在劳动过程中所持有的劳动理念、态度，以及自身的精神风貌，涵盖了崇尚劳动、热爱劳动、辛勤劳动、诚实劳动的精神，是劳动者在创造美好生活的过程中所展现出的精神状态、精神面貌和精神品质。本项目主要通过完成一件丝带绣随身镜作品、制作一件剪纸作品、采访劳动模范活动、开展一次志愿服务活动，阐明劳模精神、劳动精神、工匠精神的丰富内涵，讲解劳模精神、劳动精神、工匠精神的时代价值。

项目目标

- **政治认同**：深刻领会劳模精神、劳动精神、工匠精神的丰富内涵。
- **职业精神**：正确认识劳模精神、劳动精神、工匠精神的时代价值，掌握劳动技能，提升劳动能力，享受劳动乐趣。
- **法治意识**：在劳动实践中增强守法、用法的意识。
- **健全人格**：通过劳动实践，树立正确的劳动价值观，成为爱劳动、会劳动、懂劳动的时代新人。
- **公共参与**：在劳动过程中自觉培育劳动精神，争当劳动先锋。

任务一　培育劳动精神

任务导入

利用包装丝带完成一件丝带绣随身镜作品，感受崇尚劳动、热爱劳动、辛勤劳动、诚实劳动的劳动精神。

物资准备

工具准备

绣绷、丝带绣专用针、针线包、剪刀、水消笔、胶水、尖锥、镜胚（直径约 7 cm，厚度约 0.8 cm，正面绣面约 5.8 cm）。

材料准备

底布（棉布或帆布）、棉线、丝带。

知识准备

一、劳动精神的内涵

劳动精神可以概括为崇尚劳动、热爱劳动、辛勤劳动、诚实劳动。其中，崇尚劳动是社会主义核心价值观的重要体现，要求劳动者树立劳动最光荣、劳动最崇高、劳动最伟大、劳动最美丽的观念。热爱劳动是劳动精神的基本内容，体现了劳动者对待劳动的积极态度。辛勤劳动是中华民族代代相传的优秀劳动品质，诚实劳动是劳动者对待劳动的工作要求，是劳动者要遵循的处事原则。

二、培育劳动精神的方法

（一）积极做劳动精神的宣传员

劳动精神是人类重要的精神财富。新时代中职学生要主动做劳动精神的宣传员，营造人人爱劳动、会劳动的氛围，树立以辛勤劳动为荣、以好逸恶劳为耻的劳动观念。

（二）积极做劳动精神的践行者

培育劳动精神可以激发劳动潜能，创造智慧，提升劳动者的综合素质。新时代中职学生要加强理论学习，自己动手实践，在劳动实践中认识到"劳动是一切幸福的源泉"，进而培养劳动能力，养成良好的劳动习惯。

任务链接

一、丝带绣的概念

丝带绣是一种在棉麻布上，以色彩丰富、质感细腻的缎带为原材料，配用一些简单的针法，绣出的立体绣品，是继十字绣之后一种更具有创意的新兴手工DIY刺绣项目。在DIY丝带绣套件里，每件均配以多种针法，使这种绣品避免了一般绣品针法单调的问题。同时，丝带绣相较于十字绣，色彩更加鲜亮，用时也更少，更适合广大爱好绣艺但时间有限的人群。

二、丝带绣常用的针法

丝带绣常用针法一般有直针绣、丝带绣、菊叶绣、豆针绣、茎绣等，见表2-1。

表2-1　丝带绣常用针法

针法	操作方法
直针绣	直针绣是一种基础针法，一出一入两针，丝带不能拉得过紧或者过松。根据针距的不同长度和角度，会呈现不同的效果
丝带绣	丝带绣入针时，针在丝带中穿过，再穿到绣布背面收针后，会营造一种翻卷的效果。需要注意的是，收针时不要拉得太紧。这种针法常用于刺绣花瓣、叶片

续表

针法	操作方法
菊叶绣	菊叶绣是一种常见的针法，通常用于绣花瓣、叶片
豆针绣	豆针绣常用于花蕊、花苞的刺绣。需要注意的是，丝带的正、反面打结时不宜太紧或太松，要根据刺绣的具体对象调整结的大小
茎绣	茎绣常用于刺绣花茎或者轮廓线。在绣制时，需要调整针脚缝合的宽度，长度要保持一致

任务筹划

筹划项目	筹划内容
确定丝带绣的绣制图案	
确定丝带绣使用的丝带、棉线及刺绣针法	
展示并保存丝带绣作品	

任务实施

步骤 1　在棉麻布上，用笔画出所要绣制的简图，并固定刺绣的位置，如图 2-1 所示。

图 2-1　画简图并标明位置

步骤 2

用水消笔在底布上画出简图,如图 2-2 所示。

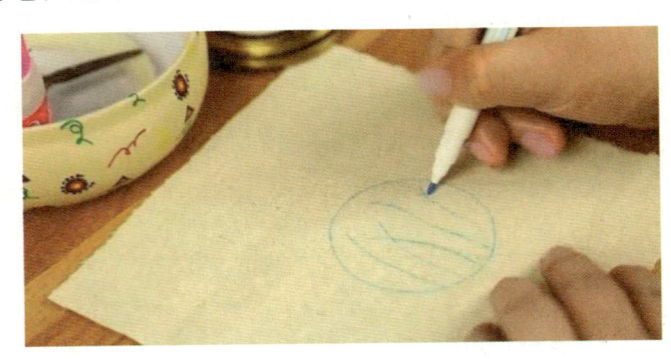

图 2-2　用水消笔画简图

步骤 3

将画好的底布固定在绣绷上,如图 2-3 所示。常用的绣绷有大绷、中绷、小绷三种类型。

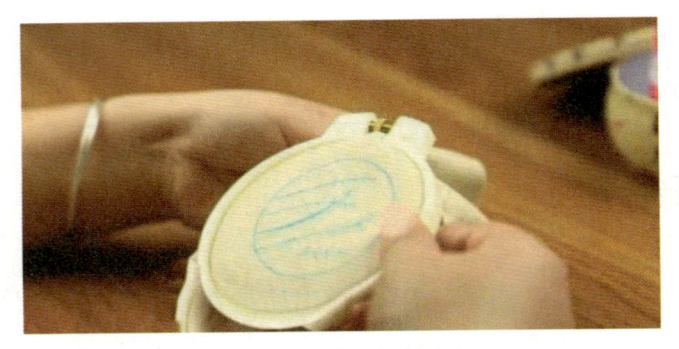

图 2-3　固定画好的底布

步骤 4

使用绿色的棉线缝制花杆、花枝,如图 2-4 所示。

图 2-4　缝制花杆、花枝

项目二　传承劳动精神，争当劳动先锋

步骤 5　使用紫色的丝带绣制花朵，如图 2-5 所示。

图 2-5　绣制花朵

步骤 6　使用绿色的丝带绣制叶子。完成后，在镜胚正面涂上胶水，将绣制好的作品放置在镜胚上，并剪掉多余底布，即可完成作品，如图 2-6 所示。

图 2-6　完成作品

思政导学

在丝带绣绣制的过程中，细心、耐心极为重要。绣制丝带绣时，要避免因错针而影响丝带绣的整体美观程度。同时，在刺绣的过程中，要把握丝带的松紧程度，确保作品的立体感。

劳动反思

（1）在绣制过程中，你在刺绣针法的选择和图案的设计上有什么思考？

（2）你对丝带绣作品的完成情况感到：□很满意 □比较满意 □不满意 □很不满意。

（3）在丝带绣的绣制过程中，错针、丝带的松与紧都会影响作品的完成程度。你有遇到这样的情况吗？你是怎样处理的？

（4）在这次丝带绣作品绣制的过程中，你最大的收获是什么？

任务评价

序号	任务实施成果	评价标准	是/否
1	作品完成质量	丝带绣作品顺利完成	
2	作品完成效果	作品图案色彩鲜明、立体感强、层次分明	
3	作品创新设计	作品具有创意、观赏性、实用性	

任务检测

一、单项选择题

1. 劳动精神对个人的好处是（　　）。

A.提高社会地位　　B.促进个人成长　　C.增强幸福感　　D.提高收入

2. 劳动精神培育的核心在于（　　）。

A.营造劳动光荣的文化氛围　　　　B.引导青年正确认识世界和改造世界

C.树立正确的劳动观念　　　　　　D.增强劳动意识

3. 绣绷是刺绣用具，有（　　）种规格。

A.1　　　　　　B.2　　　　　　C.3　　　　　　D.4

4. 劳动精神应体现为劳动者的一种劳动意识和劳动习惯。从（　　）看，劳动精神应该体现出辛勤劳动、诚实劳动和创造劳动的总和。

A.态度层面　　　B.行为层面　　　C.技术层面　　　D.价值层面

5. 培育学生的劳动精神时，应以美好生活的（　　）来激发学生对劳动的热爱。

A.理想　　　　　B.现实　　　　　C.希望　　　　　D.愿景

二、多项选择题

1. 劳动精神的内涵是(　　　)。
   A. 崇尚劳动　　　B. 热爱劳动　　　C. 辛勤劳动　　　D. 诚实劳动

2. 人世间的一切幸福都需要靠辛勤的劳动来创造，新时代中职学生要树立(　　　)的劳动观念。
   A. 劳动最光荣　　B. 劳动最崇高　　C. 劳动最伟大　　D. 劳动最美丽

3. 新时代中职学生怎样培育劳动精神(　　　)。
   A. 积极做劳动精神的宣传员　　　　B. 积极做劳动精神的践行者
   C. 不用培养，做好自己的事情就行　　D. 积极参加劳动实践，强筋健骨

4. 新时代中职学生主动做劳动精神的宣传员，营造人人(　　　)的氛围，树立正确的劳动观念。
   A. 爱劳动　　　　B. 会劳动　　　　C. 能劳动　　　　D. 怕劳动

5. 完成后的丝带绣作品需要合理保存，应注意(　　　)。
   A. 切勿保存在潮湿环境中　　　　　B. 尽量避免阳光直射，严禁曝晒
   C. 切勿挤压，可将绣品卷成一卷保存　D. 防火防虫

三、判断题

1. 刺绣是一种装饰艺术，古称针绣。(　　)
2. 崇尚劳动是社会主义核心价值观的重要体现。(　　)
3. "民生在勤，勤则不匮。"世间没有哪一种美好生活，可以不经过辛勤劳动获得。(　　)
4. 辛勤劳动是中华民族代代相传的优秀劳动品质。(　　)
5. 诚实劳动是劳动者对待劳动的工作要求，是劳动要遵循的处事原则。(　　)

任务拓展

刺绣文化被列入第一批国家非物质文化遗产名录。苏州的苏绣、湖南的湘绣、四川的蜀绣、广东的粤绣(广绣)被誉为中国四大名绣。查阅相关资料，了解中国四大名绣的特点，以及刺绣文化的历史发展脉络。

中国四大名绣

任务二　弘扬工匠精神

任务导入

自己动手制作一件剪纸作品，用心感受、领会工匠精神的内涵与精神力量。

物资准备

工具准备

剪刀、刻刀、铅笔、彩笔、橡皮、尺子。

材料准备

正方形彩纸。

知识准备

一、工匠精神的内涵

工匠精神的内涵可以概括为执着专注、精益求精、一丝不苟、追求卓越。执着专注是劳动者对工作耐心、专注，是一个人的本分；精益求精是劳动者对工作的坚持、极致，是一个人的追求；一丝不苟是劳动者对工作不投机取巧，是一个人的工作作风；追求卓越是劳动者对工作高标准、严要求，是一个人的工作目标。

二、弘扬工匠精神的方法

（一）认识工匠精神的社会价值

工匠精神是社会生产力得以发展的根本。新时代的中职学生要认识到工匠精神的社会价值，坚持执着专注、自我超越，逐渐成长为高素质产业大军中的一员，积极投身全面建设社会主义现代化国家。

（二）积极践行工匠精神

想要成为打造一流产品的高素质人才，需要积极践行工匠精神。在实践中，要树立正确的职业观念；在劳动过程中，要不断探索、坚持不懈、不轻言放弃；在成长道路上，要自觉向榜样学习，虚心请教，精湛技艺，积极参与社会实践活动，激励自己不断前行。

劳动故事

胡双钱与国产C919大飞机

2023年5月28日上午10时32分，中国民航业迎来历史性时刻——中国东方航空使用中国商飞全球首架交付的C919大型客机，执行MU9191航班，国产大飞机开启全球首次商业载客飞行。国产大飞机市场化、产业化发展，成为中国制造业从低端制造向高端制造转型的缩影，意义非常重大。从运行表现来看，东航方面透露，自首班商业运行至2024年2月29日，东航C919机队累计商业飞行时间超3272小时、执行商业航班1131班、承运旅客超14.5万人次。

中国大飞机制造首席钳工，中国商飞上海飞机制造公司高级技师、数控机加车间钳工组组长胡双钱，人称"航空手艺人"，37年如一日，精益求精，一如初心。在中国新一代大飞机C919的首架样机上，他创造了打磨过的零件百分之百合格的惊人纪录。他凭着对航空事业的热爱和对民机梦想的执着，兢兢业业、任劳任怨，始终奋战在民机制造的第一线，用实际行动诠释了对品质的极致追求和对加工出一流质量的飞机产品的贡献。

（资料来源：C919投入商业飞行 中国航空业迎来历史性时刻，中国青年报，2023-06-01）

任务链接

一、剪纸的概念

中国剪纸又称刻纸、窗花、剪画，是一种用剪刀或刻刀在纸上剪刻花纹，用于装点生活或配合其他民俗活动的民间艺术。中国作为世界上最早产生剪纸的地方，剪纸艺术具有普遍性和文化多样性。2009年9月，中国剪纸被列入联合国教科文组织第四批"人类非物质文化遗产代表作名录"。

我国最早的剪纸作品是在新疆吐鲁番火焰山附近出土的北朝时期的五幅团花剪纸，如图2-7所示。它属于折叠型祭祀剪纸，为我国剪纸的起源提供了实物佐证。

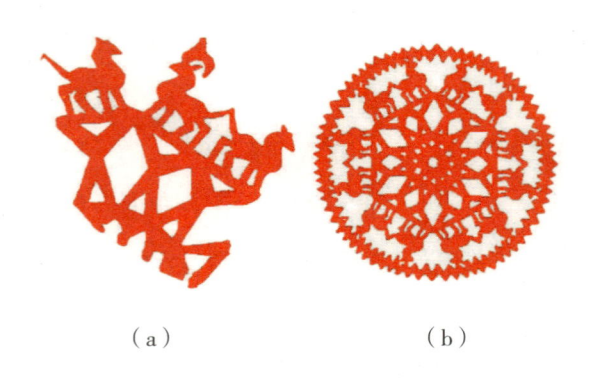

（a）　　　　　　（b）

图2-7　北朝时期团花剪纸

中国剪纸的蓬勃发展离不开手艺人对作品的精雕细琢、极致追求，一件件精美绝伦、流传于世的作品就是对工匠精神最好的诠释。

二、剪纸的折法与安全操作

剪纸文化作为中国传统文化的精粹，历史悠久。剪纸文化不仅是一种视觉艺术，其背后更承载着深厚的象征意义，反映人们对未来美好生活的愿景。

（一）剪纸的折法

一般来说，可以采用对折、三角折、四角折、五角折、六角折、二方连续折、四方连续折等方式进行折叠。折叠时需注意平整性和对称性，以保证剪纸的层次清晰、线条流畅。

（二）剪纸的流程

精美的剪纸通常需要经过设计图案、折纸、剪刻、揭离修饰与保存展示五个阶段。完成剪纸图案的设计后，再进行剪裁和刻划。具体流程：①沿着设计的剪裁图案，用剪刀将多余的部分剪掉。②使用刻刀将需要镂空的部分刻划出来。③完成作品局部、细节的修剪和修饰。在剪裁和刻划时，要注意角度、力度和速度的掌握，以确保线条的流畅和准确。

中国剪纸

（三）剪刀、刻刀的安全使用

在剪刀和刻刀的使用方面，需要注意：①选择适合的剪刀和刻刀刀片，避免因卡顿和工具滑动造成手部受伤。②在剪、刻过程中，始终保持注意力集中。③在剪刻过程中，注意裁剪的方向，一般情况下按照逆时针方向操作。在裁剪有弧度的轮廓时，转动纸张进行裁剪，而不是转动剪刀。④细致处使用剪刀刀尖裁剪或使用刻刀刻划。⑤剪裁结束后，及时收纳剪纸工具，并放在指定位置。

任务筹划

筹划项目	筹划内容
自己设想或根据传统剪纸图案设计剪纸形象	
操作剪裁与刻划步骤	
展示剪纸作品	

任务实施

步骤 1 取一张正方形彩纸，沿对角线对折成大三角形，如图 2-8 所示。

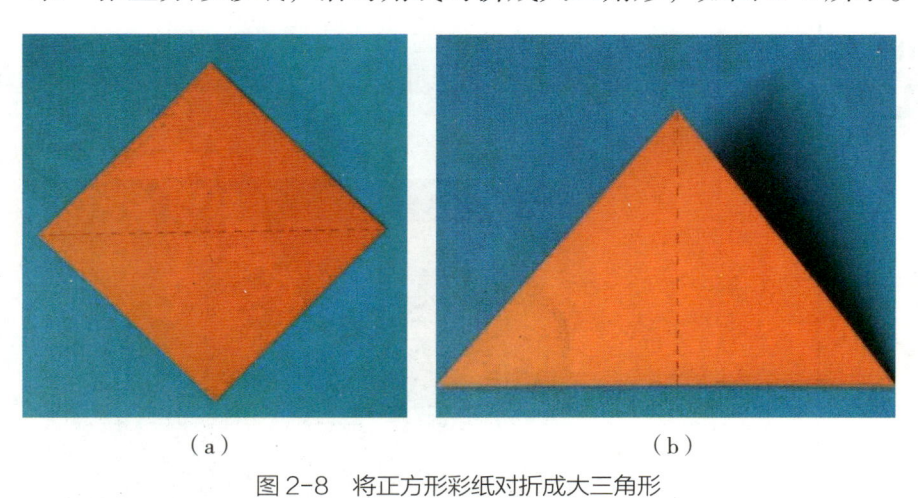

（a） （b）

图 2-8 将正方形彩纸对折成大三角形

步骤 2 沿大三角形的中心线将其二次对折成中三角形,如图 2-9 所示。

图 2-9 二次对折成中三角形

步骤 3 再将中三角形沿中线对折成小三角形,如图 2-10 所示。

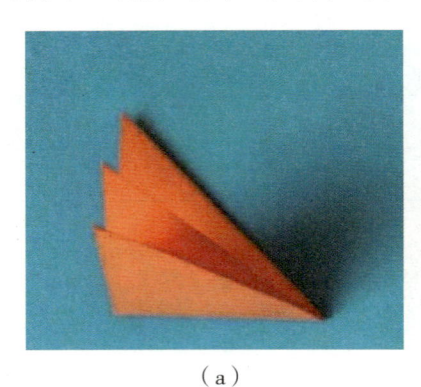

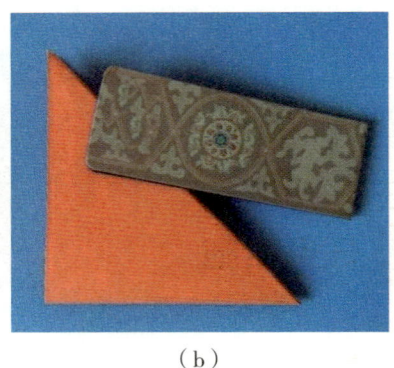

(a) (b)

图 2-10 再对折成小三角形

步骤 4 把小三角形的开口处朝上、斜边朝下,开始绘制边框图案,如图 2-11 所示。

图 2-11 绘制边框图案

步骤 5 把边框图案剪刻下来，如图 2-12 所示。

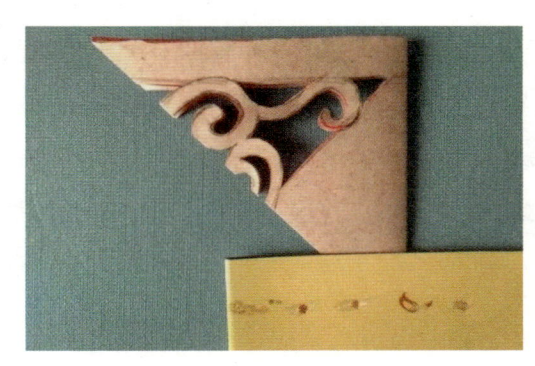

图 2-12 剪刻边框图案

步骤 6 展开彩纸，在中间的正方形空白处写上"福"字，如图 2-13 所示。注意"福"字与边框的勾连。

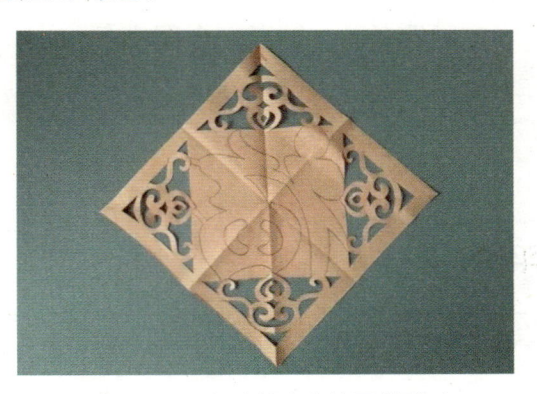

图 2-13 彩纸中间空白处写"福"字

步骤 7 沿"福"字剪刻下来后，进行红字翻转，一幅吉祥窗花"福"字剪纸就完成了，如图 2-14 所示。

图 2-14 完成作品

思政导学

在折纸时，如果采用对折或三角折的折法，剪纸图案较为简单，很快就能完成一幅剪纸作品。如果采用四角折或更为复杂的折法，会增加作品的立体感及层次感。在进行剪、刻操作时，需要极为专注，每一次剪、刻都将影响作品的完成情况及美观程度。通过自己动手剪纸，体验执着、专注、一丝不苟的精神品质，感受中国剪纸的艺术之美。

劳动反思

（1）你在剪纸形象的选择上有什么思考？

（2）在进行剪纸的过程中，你体会到了执着专注、精益求精、一丝不苟、追求卓越的工匠精神了吗？ □很有体会 □有一点 □没有体会到

（3）在剪纸过程中，剪纸的折法与角度会影响作品的呈现效果，你觉得它们之间有什么样的关系？这次活动你最大的收获是什么？

任务评价

序号	任务实施成果	评价标准	是/否
1	剪纸完成的进度	剪纸过程中能较为熟练掌握剪刀、刻刀的使用	
2	剪纸完成的质量	剪纸顺利完成，有完整作品	
3	剪纸的艺术之美	作品有创意、美感	

任务检测

一、单项选择题

1.中国剪纸在（　　）被列入联合国教科文组织第四批"人类非物质文化遗产代表作名录"。

A.2006 年 9 月　　　　　　　　　　B.2007 年 9 月

C.2009 年 9 月　　　　　　　　　　D.2011 年 9 月

2.世界上最早产生剪纸的地方是(　　　)。

A.中国　　　　　　　　　　　　　B.英国

C.法国　　　　　　　　　　　　　D.丹麦

3.我国最早的剪纸作品出土于(　　　)。

A.新疆吐鲁番　　　　　　　　　　B.新疆喀什

C.新疆哈密　　　　　　　　　　　D.新疆伊犁

4.完成一件剪纸作品共分为(　　　)个阶段。

A.四　　　　　　　　　　　　　　B.五

C.六　　　　　　　　　　　　　　D.七

5.(　　　)是匠人对待产品的追求,是工作的一种好习惯。

A.热情　　　　　　　　　　　　　B.认真

C.精益求精　　　　　　　　　　　D.细心

6.追求卓越是劳动者对工作高标准、严要求,是一个人的(　　　)。

A.工作目标　　　　　　　　　　　B.工作能力

C.工作态度　　　　　　　　　　　D.工作作风

二、多项选择题

1.工匠精神的内涵是(　　　)。

A.执着专注　　　　　　　　　　　B.精益求精

C.一丝不苟　　　　　　　　　　　D.追求卓越

2.在生活、学习中如何积极践行工匠精神(　　　)。

A.树立正确的职业观念　　　　　　B.自觉向榜样学习

C.积极参加社会实践活动　　　　　D.积极探索,不轻言放弃

3.剪纸又称为(　　　)。

A.纸画　　　　　　　　　　　　　B.刻纸

C.窗花　　　　　　　　　　　　　D.剪画

4.新时代的劳动者要充分认识到工匠精神的社会价值,努力做到(　　),成长为高素质产业大军的一员。

A.执着专注　　　　　　　　B.自我超越

C.精致利己　　　　　　　　D.随波逐流

三、判断题

1.工匠精神非常注重细节。（　　）

2.中国作为世界上最早产生剪纸的地方,剪纸在中国具有普遍性和文化多样性。（　　）

3.在剪刻过程中,剪刀裁剪的方向一般情况下按照顺时针方向操作。（　　）

4.张三工作10年从未更换岗位与工作,说明他一定具备工匠精神。（　　）

5.工匠精神体现了劳动者独具匠心、精益求精、尽善尽美的执着追求,是一种优秀的职业道德。（　　）

任务拓展

尝试在剪纸中增加各种不同的创意元素,丰富剪纸的作品形式,增加剪纸作品的观赏性及装饰性,感受剪纸艺术之美。

项目二　传承劳动精神，争当劳动先锋

任务三　学习劳模精神

任务导入

通过采访劳动模范、聆听劳模故事，学习劳模精神。

物资准备

工具准备

笔记本、笔、录音笔、录像机、照相机。

材料准备

查阅采访对象的报道、背景资料等，设置采访提纲及问题。

环境准备

准备安静、整洁的采访场地。

知识准备

一、劳模精神的内涵

劳模精神是一种特殊的精神品质，体现出当代劳动者积极向上、斗志昂扬的良好风貌。劳模精神可以概括为爱岗敬业、争创一流，艰苦奋斗、勇于创新，淡泊名利、甘于奉献。

爱岗敬业是劳动者的本分，是指在工作中热爱、尊重工作岗位。争创一流是一种追求，是指在工作中追求工作的最高标准，努力达到行业内的最高标准。艰苦奋斗是一种工作作风，是劳模精神的本质。勇于创新是一种使命，党的二十大报告中指出，"必须坚持科技是第一生产力、人才是第一资源、创新是第一动力。"

新时代中职学生要不畏惧挑战，勇于尝试新的方法和技术，不断提升职业素养。淡泊名利是境界，在工作中不轻易被外界干扰，专注工作。甘于奉献是修为，在实践中敢于奉献，不计较个人得失，从而实现自己的人生价值。

二、学习劳模精神的方法

（一）增强对劳模精神的认同

自中国共产党成立以来，劳模精神始终植根于领导中国人民长期奋斗的实践中。中国共产党人表彰劳动模范，在全社会凝聚起尊重劳模、弘扬劳模精神的普遍共识。劳动模范作为中国特色社会主义建设与发展的标杆，用实际行动践行劳模精神。

劳动词典

劳动模范

劳动模范是时代的先锋、民族的楷模，是优秀劳动者的典型代表。1950年，党和国家首次表彰劳动模范。1989年以后，全国劳动模范和先进工作者评选表彰工作基本形成了每五年评选表彰一次的固定届次，每次评选表彰先进个人3000名左右，由国务院授予"全国劳动模范"或"全国先进工作者"称号。

从小学徒到大国重器参建者

（二）积极践行劳模精神

劳模精神是人人都可以践行的。有相当一部分劳动模范是从平凡岗位上逐渐成长为行业的领军人才。"纸上得来终觉浅，绝知此事要躬行。"只有将书本上学习的理论知识落实到行动中，做到知行合一、以知促行，才能有所成长。

劳动故事

让微笑成为高速公路亮丽的风景线

很多人知道她，是因为她的微笑。

在三尺岗亭，她15年如一日，用真诚微笑为广大司乘人员提供一流通行服务。她带头创新创优，推动高速收费站业务和党务工作不断取得新突破……她就是党的二十大代表，全国劳动模范，全国优秀党务工作者，广西交通投资集团南宁东收费站党支部书记、副站长农凤娟。

"服务人民美好出行是我们的新时代使命，是我们不懈奋斗的方向和目标。"农凤娟所在的南宁东收费站是广西最大的收费站，也是中国高速公路微笑服务发源地之一。

从业 15 年以来，农凤娟每天坚持微笑服务，累计服务超过 210 万辆车辆通行。2015 年，以农凤娟为首席代表的"凤娟标杆"团队成立，农凤娟以问题为导向，带领"凤娟标杆"团队研发出"阿娟助你行"App、"凤娟随身学"小程序、"凤娟保畅工作法"等，大幅度地提升了司乘进出收费站的效率和高速公路行驶的安全感、舒适感，有效缓解了"每逢佳节倍堵车"的问题。

"岗亭虽小，意义重大；岗位虽微，任重道远。"这是农凤娟的座右铭，也是她对自己的标准和要求。在新的征程上，她正在用实际行动诠释着平凡的岗位也能创造不平凡的价值。

（资料来源：农凤娟：让微笑成为高速公路风景线，中国日报网，2022-10-14，有删改）

任务链接

一、采访的流程

一般的采访主要分为三个阶段：采访前，需要确定采访计划，提前了解采访对象，围绕采访主题，设置问题；采访中，营造和谐、愉悦的氛围，认真倾听、细心观察采访现场，适时调整问题，必要时调整采访节奏和话题；采访完成后，需要及时梳理有价值的信息并反思，总结采访过程。

二、采访的注意事项

采访前的准备工作十分重要。采访前准备不充分，可能达不到预期的采访效果；准备充分，采访过程顺利，才能达到预期目标。在采访时，有以下几点需要注意：①确定采访时间。协调采访对象的时间。②确定采访方式。采访方式一般选择面对面采访。③明确采访目标。围绕一个中心主题进行采访，并预设 3~5 个问题，采访问题不涉及个人隐私。④确定采访地点。采访地点应选在比较安全、安静、整洁、舒适的环境，若环境过于嘈杂，应及时更换场地。

任务筹划

筹划项目	筹划内容
确定采访主题	
了解采访对象，制定采访计划	
确定采访地点，实施采访	
完成采访，整理采访记录	

任务实施

采访劳动模范，学习劳动模范身上的可贵品质，并在工作中激励奋进，创优争先。

步骤 1 确定采访主题，明确目标。

步骤 2 确定采访对象，了解采访对象的经历。

步骤 3 确定采访提纲，设置采访问题。

步骤 4 确定采访时间、地点，准备采访所需要的工具及着装。

步骤 5 实施采访，如图 2-15 所示。

图 2-15 实施采访

步骤 6 整理、总结采访记录。

思政导学

在采访过程中,与被采访对象亲切交谈,聆听劳动模范先进事迹,感受劳模力量。在学习上,要心怀理想,脚踏实地,努力学习科学文化知识,增长才干;在生活、工作中,要弘扬劳模精神,学习劳动模范自我奉献的精神,努力实现个人价值。

劳动反思

(1)在采访过程中,你是否围绕采访主题设置了相应问题?

(2)你对本次采访任务的完成情况感到:□很满意 □比较满意 □不满意 □很不满意。

(3)在这次采访劳动模范的过程中,你是否存在困难?你是如何解决的?

(4)在与采访对象的交流互动中,你是否学习到劳动模范身上的宝贵品质?在今后的学习生活中,你该如何践行这些可贵品质?

任务评价

序号	任务实施成果	评价标准	是/否
1	采访完成效果	采访主题鲜明,环节、问题设置合理	
2	采访完成质量	采访顺利完成,达到预期目标	
3	采访过程的把控	采访中讲究技巧,能够把控现场	
4	采访活动的收获	通过聆听采访对象的故事,学习劳模精神	

任务检测

一、单项选择题

1.党和国家首次表彰劳动模范是（　　）年。

A.1950　　　　　B.1951　　　　　C.1954　　　　　D.1955

2.爱岗敬业是劳动者的（　　）。

A.本分　　　　　B.原则　　　　　C.境界　　　　　D.能力

3.采访人物时，一般选择的采访方式是（　　）。

A.书面采访　　　B.电话采访　　　C.面对面采访　　D.体验式采访

4.采访地点的选择十分重要，一般的人物采访可以选择在哪里进行？（　　）

A.餐厅　　　　　B.街道　　　　　C.访谈室　　　　D.采访对象家中

5.勇于创新是一种（　　），新时代中职学生要不畏惧挑战，勇于尝试新的方法和技术，不断提升职业素养。

A.追求　　　　　B.理想境界　　　C.使命　　　　　D.工作要求

6.甘于奉献是一种（　　），在实践中敢于奉献，不计较个人得失，实现自己的人生价值。

A.修为　　　　　B.使命　　　　　C.态度　　　　　D.境界

二、多项选择题

1.劳模精神可以概括为（　　）。

A.爱岗敬业、争创一流　　　　　　B.艰苦奋斗、勇于创新

C.淡泊名利、甘于奉献　　　　　　D.敢于担当、勇于创新

2.新时代中职学生怎样学习劳模精神（　　）。

A.增强对劳模精神的认同

B.劳模精神不需要学习，是与生俱来的

C.积极践行劳模精神

D.劳模精神高不可攀

3.在采访中需要注意哪些问题？（　　）

A.真实准确　　　B.真情实感　　　C.观点明确　　　D.根据实际记录

4.全国劳动模范和先进工作者评选表彰工作，每次评选表彰先进个人3000名左右，由国务院授予（　　）称号。

A.劳动模范　　　　B.全国劳动模范　　　C.先进工作者　　　D.全国先进工作者

三、判断题

1.劳模精神是一种特殊的精神品质，体现出当代劳动者积极向上、斗志昂扬的良好风貌。（　　）

2.劳模精神是一种人人都可以践行的精神。（　　）

3.面对采访对象时，只要是自己感兴趣的话题，都可以询问、彼此交流。（　　）

4.劳动模范作为中国特色社会主义建设与发展的标杆，是我们值得学习的榜样。（　　）

5.学习劳模精神，只有将书本上学习的理论知识落实到行动中，做到知行统一、以知促行，才能有所成长。（　　）

任务拓展

通过实地参观或线上VR体验劳模工匠馆，了解不同历史时期劳动模范、能工巧匠的先进事迹，体悟其精神。

线上VR劳模工匠展览馆

任务四　争当劳动先锋

任务导入

结合自己的专业，在学校周边开展一次社区志愿服务活动，体验志愿者精神，争当劳动先锋。

物资准备

工具准备

照相机、电脑、笔记本、笔。

材料准备

书本、活动相关宣传资料。

知识准备

一、志愿者精神的内涵

志愿者精神是指一种互助、不求回报的精神。"奉献、友爱、互助、进步"的志愿者精神已被社会广泛接受。

二、弘扬志愿者精神的方法

（一）积极注册志愿者

1994年12月5日，中国青年志愿者协会成立。2000年3月，共青团中央、中国青年志愿者协会决定把每年3月5日作为"中国青年志愿者服务日"，旨在组织青年集中开展内容丰富、形式多样的志愿服务活动。在《中长期青年发展规划

（2016—2025年）》中，明确"到2025年，实现实名注册的青年志愿者总数突破1亿人"。因此，青年应积极投身于志愿服务，成为注册志愿者，记录每一次志愿服务，为他人送温暖，为社会作贡献。

（二）积极践行志愿者精神

积极参与志愿服务对践行社会主义核心价值观，实现个人的全面发展具有重要的指导作用。实践是认识的基础，实践重于知识。志愿服务作为社会实践的一种途径，增加了社会实践的广度和深度。积极践行志愿者精神，可以引导青年将认识与实践统一起来，将理论转化为能力，从而实现全面发展。

任务链接

一、认识志愿服务

志愿服务是现代社会文明进步的重要标志，是一种社会实践方式，随着人类社会的需要和发展在实践中深化。在2017年实施的《志愿服务条例》中，将志愿服务定义为：志愿者、志愿服务组织和其他组织自愿、无偿向社会或他人提供的公益服务。志愿服务可以体现个人对社会的关爱和对文明的追求，是加强新时代精神文明建设、培育和践行社会主义核心价值观的重要内容。

二、志愿服务项目

自改革开放以来，我国的志愿服务发展迅速，经历从城市到农村、沿海到内地、平原到山区的转变过程。如今的志愿服务活动丰富，主要分为乡村振兴、生态环境保护、爱老护幼助残、知识宣讲普及、社区建设、校园公益、大型赛会、应急救援等志愿服务项目。

劳动提示

为了更好实施乡村振兴战略，在开展志愿服务时，可以选择以下活动。

（1）农业科技创新。在农业方面，将所学专业知识与技能运用到农业生产中，助农增收，提高农业生产效率。

（2）农村电商发展。了解农产品特色，利用互联网，将特色产品推向市场，拓宽销售渠道，提高农村产业的竞争力和附加值。

（3）支持乡村教育。在农村学校担任兼职教师，并在寒暑假为农村孩子提供丰富、多元化的教育资源，提高农村教育的质量和水平，促进农村社会的文明进步。

（4）乡村旅游发展。利用自己的专业知识和技能，为农村旅游开发提供策划和创意，将农村旅游资源优势转化为经济优势，带动农村经济的发展。

（5）乡村文化建设。参与乡村文化建设，推广乡村文化、民俗文化和传统文化，增强农村社会的文化自信和文化认同，促进农村社会和谐稳定发展。

任务筹划

筹划项目	筹划内容
确定志愿服务活动目的与项目	
确定志愿服务活动的开展内容	
确定志愿服务活动的开展方式，并招募志愿者	
预测志愿服务活动取得的效果	

任务实施

志愿服务活动类型多样，流程清晰，可行性强。通过前期筹备，与当地村镇、社区联系，确定志愿服务活动内容后，便可确定志愿服务活动的开展方式，进而筹备开展志愿服务活动。

步骤1 结合所学专业，确定志愿服务活动项目和目标。例如，增强社区居民消防安全意识，开展消防安全知识普及与宣传志愿服务活动。

步骤2 了解所在社区消防设施情况，确定宣讲内容，组织志愿者，分工协作，共同计划如何开展消防知识普及与宣传活动。

步骤3 做好前期准备工作，在所属社区进行宣传，召集社区居民参与。

项目二　传承劳动精神，争当劳动先锋

步骤 4　开展消防知识普及与宣传活动。

步骤 5　对志愿服务活动进行总结，分析活动的成效和不足，分享体会和收获。

思政导学

在参与志愿服务的过程中，要大力弘扬奉献、友爱、互助、进步的志愿者精神，感受劳动带来的价值；要进一步树立崇尚劳动、尊重劳动的观念，锻炼专业技能，提升社会实践能力，以实际行动展现责任担当，与祖国同行、为人民奉献，用脚踏实地的付出践行志愿者精神。

劳动反思

（1）在参与志愿服务的过程中，你遇到的最大困难是什么？你是怎样解决的？

（2）你对本次志愿服务的完成情况感到：□很满意　□比较满意　□不满意　□很不满意。

（3）在志愿服务过程中，你是否与所学专业相结合？

（4）在进行志愿服务时，你是否遇到与前期筹划阶段不同的环节？你是怎样处理的？

任务评价

序号	任务实施成果	评价标准	是/否
1	志愿服务完成情况	志愿服务活动的服务项目、内容合理，具有实际意义	
2	志愿服务参与情况	志愿服务活动参与度高	
3	志愿服务团队协作情况	与其他志愿者团结协作，共同完成志愿服务活动	

续表

序号	任务实施成果	评价标准	是/否
4	志愿服务预期效果达成情况	深刻体会志愿者精神的深层意义，志愿服务活动进展顺利，达到预期效果	

任务检测

一、单项选择题

1.志愿服务是一种（　　）。

A.公益服务　　　　　　　　　　B.自我奉献的劳动

C.非公益性活动　　　　　　　　D.工作

2.志愿服务活动主要分为（　　）类项目。

A.5　　　　　B.6　　　　　C.7　　　　　D.8

3.《志愿服务条例》颁布于（　　）年。

A.2016　　　　B.2017　　　　C.2018　　　　D.2019

4.中国青年志愿者协会成立于（　　）。

A.1993年12月5日　　　　　　　B.1994年12月5日

C.1995年12月5日　　　　　　　D.1996年12月5日

5."中国青年志愿者服务日"是（　　）。

A.3月5日　　　B.4月5日　　　C.5月5日　　　D.6月5日

二、多项选择题

1.开展志愿服务活动可以采取哪些组织形式？（　　）

A.社会团体　　　　　　　　　　B.社会服务机构

C.基金会　　　　　　　　　　　D.自治组织

2.在我国，志愿者精神主要指的是（　　）。

A.奉献　　　　B.友爱　　　　C.互助　　　　D.进步

3.新时代中职学生在开展志愿服务时，可以结合自身专业与实际选择哪些志愿服务活动？（　　）

A. 农业科技创新

B. 支持乡村教育

C. 农村电商发展

D. 乡村旅游和文化发展

4.开展志愿服务时,如果成员不足,可以通过什么方式优化组织?(　　)

A. 公开招募

B. 寻求当地志愿者机构的帮助

C. 合理分工

D. 优化服务内容与方式

三、判断题

1.志愿服务是社会文明进步的重要标志。　　　　　　　　　　(　　)

2.在实践中,青年对社会有了初步了解,可以获得接触社会的机会。(　　)

3.新时代中职学生参与志愿服务,就是获得了提升自我能力的机会。(　　)

4.开展志愿服务活动,不需要与当地社区联系确定志愿服务活动开展的内容与方式。

(　　)

5.开展社区的志愿服务活动,需要实地查看当地情况,进行合理的安排与规划。

(　　)

任务拓展

组织开展一次校内志愿服务活动,锻炼能力,为服务社会积累经验。

项目小结

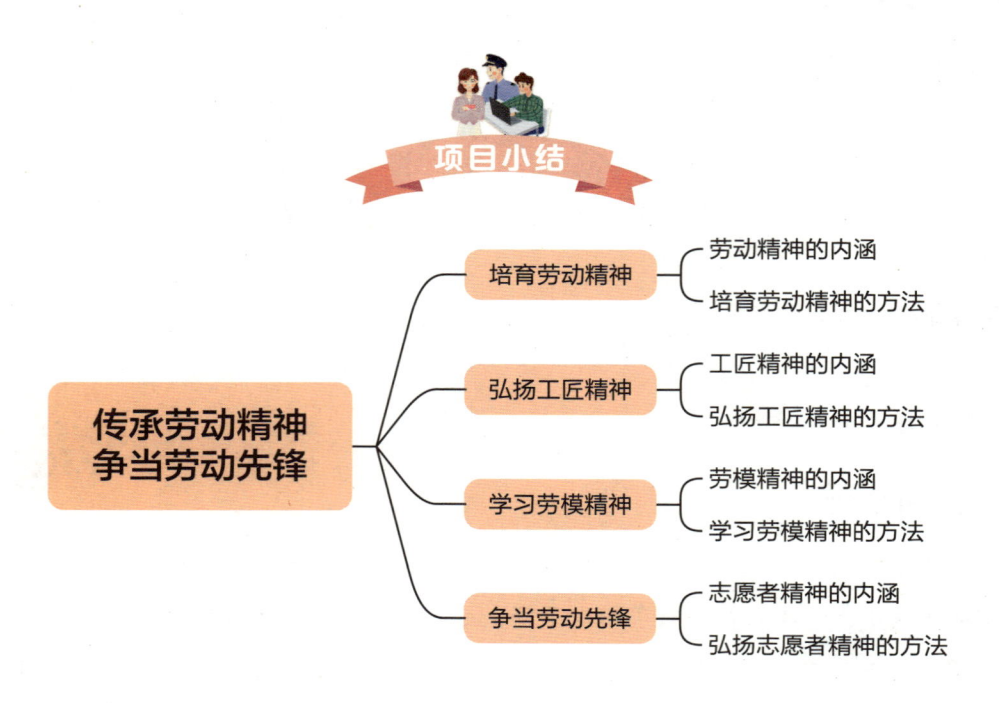

传承劳动精神 争当劳动先锋
- 培育劳动精神
  - 劳动精神的内涵
  - 培育劳动精神的方法
- 弘扬工匠精神
  - 工匠精神的内涵
  - 弘扬工匠精神的方法
- 学习劳模精神
  - 劳模精神的内涵
  - 学习劳模精神的方法
- 争当劳动先锋
  - 志愿者精神的内涵
  - 弘扬志愿者精神的方法

项目三 铸就劳动品质，提升劳动素养

项目导读

中职学生正处于人生观、世界观、价值观形成的关键时期，需要通过诚实劳动、合法劳动、协作劳动、创造性劳动，培养良好的劳动品质，提升劳动素养，养成良好的劳动习惯，锤炼劳动品格。

本项目通过进行二手闲置物品交易、制作手抄报、举办元旦联欢晚会、设计产品包装，阐明作为新时代的中国青年，要争做劳动者，为实现中华民族伟大复兴的中国梦贡献自己的力量。

项目目标

- **政治认同**：理解新时代中国特色社会主义思想蕴含的劳动观。
- **职业精神**：树立正确的劳动理念，端正劳动态度，形成诚实劳动、合法劳动、协作劳动、创造性劳动的劳动习惯，积极投身劳动实践，锤炼劳动品格。
- **法治意识**：树立法治观念，增强法律意识，维护合法权利，遵守法律规范，自觉维护宪法和法律。
- **健全人格**：培养积极向上的劳动态度，树立自尊心和自信心。
- **公共参与**：培养主人翁意识，坚信劳动依靠人民、为了人民，自觉参与劳动，积极承担社会责任。

任务一　诚实劳动

任务导入

利用互联网二手交易平台,将闲置的学习资料、文化用品,以及其他物品进行二次销售。

物资准备

工具准备

拍摄工作台、数码相机、手机或电脑等。

材料准备

若干闲置物品,如滑板、吉他、台灯、书籍等。

知识准备

一、诚实劳动的含义

诚实劳动是劳动者应遵守的规范,是指在劳动中要遵纪守法,拒绝弄虚作假,以诚实守信的敬业态度对待自己的工作。

二、践行诚实劳动

2016年4月26日,习近平同志在知识分子、劳动模范、青年代表座谈会上的讲话中强调,"要在全社会大力弘扬劳动精神,提倡通过诚实劳动来实现人生的梦想、改变自己的命运。"

在不同的职业领域,诚实劳动有着不同的要求。比如在生产制造领域,要做到不偷工减料、不制假造假;在商品买卖中,要做到不缺斤少两、不以次充好;在营销手段上，要做到实事求是，不夸大其词、不虚假宣传。

任务链接

一、二手闲置物品交易

二手闲置物品交易是将不再需要的物品转让给有需要的人，以达到资源共享和节约环保的目的。在数字化转型的今天，二手闲置物品交易是通过二手在线交易平台实现闲置物品的二次销售，达到买卖双方各取所需的目的。

二、二手闲置物品交易的价值

首先，二手闲置物品交易有助于减少资源浪费。在生活中，有很多物品只用了一次或几次就被扔掉或闲置，但是这些物品可能对其他人仍然有价值。通过二手交易，这些物品可以得到二次利用，从而减少浪费，降低环境污染。

其次，二手闲置物品交易可以促进社会的资源共享。在资源共享的社会中，资源的利用率更高，物品的使用寿命也更长。二手交易不仅可以让闲置物品得到二次利用，还可以为需要这些物品的人们提供方便和帮助。

最后，二手闲置物品交易有助于推动社会的可持续发展。随着人们环保意识的增强，越来越多的人开始认识到，我们的消费模式需要改变。通过二手交易，人们可以更好地理解物品的价值，避免过度消费和浪费。

三、二手闲置物品交易的注意事项

作为经营者需要注意：经营者通过网络平台销售商品的行为，均受《中华人民共和国消费者权益保护法》的约束，经营者的法律责任不会因销售平台性质的不同而减轻或免除。经营者要牢记诚信经营方是立身之本。

作为消费者需要注意：消费者要擦亮双眼、理性消费。购物前注意识别商家资质等信息；是否存在"不支持7天无理由退货""平台概不负责"等霸王条款；在遭遇"消费陷阱"时，要注意运用法律武器，保护自己的合法权益。

劳动词典

二手交易平台

二手交易平台是支持人们买卖二手物品的在线市场，旨在帮助用户轻松、快捷、安全地处理闲置物品。这些平台可以满足用户在线发布和销售自己的闲置物品，也可以浏览和购买其他用户的闲置物品。

劳动故事

二手交易平台让闲置物品"活"起来

生活中的闲置物品如何处理？看似除了卖废品或者扔入垃圾箱，便没有其他处理方式了。而对于今天的年轻人来说，通过二手交易平台，可以让闲置物品产生新的价值，让闲置物品再次"活"起来。

在小明的二手交易平台账号上，可以清晰地查询到他所出售的书籍、生活物品等。小明说："只要是用不到的物品，就会拍照片上传到二手交易平台，卖给其他需要的人。"小明不仅自己在网上出售二手物品，还会购买一些实用的二手物品。

随着经济社会的发展，共享发展、循环经济（图3-1）等理念深入人心，"买闲置、用闲置"等观念逐渐被人们接受，成为一种新的生活习惯和生活方式。

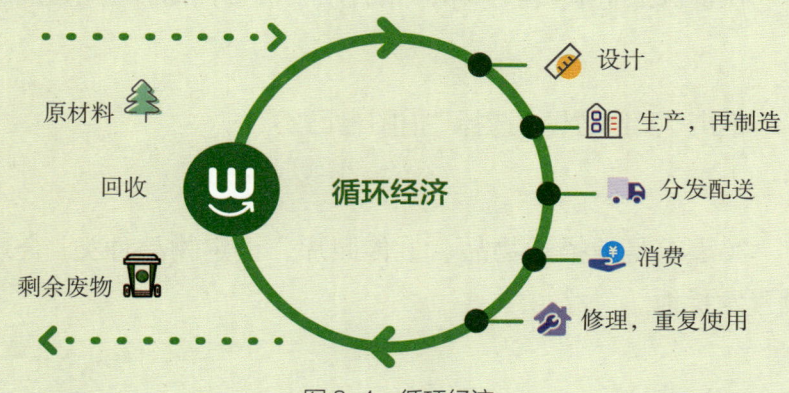

图3-1 循环经济

（资料来源：编者根据相关资料整理）

任务筹划

筹划项目	筹划内容
商品价格的制订	
二手交易平台上，物品文案及图片的上传	
二手交易平台选择	
商品销售过程	

劳动提示

（1）拍摄商品图片并上传二手物品交易平台。拍摄商品时，要做到实事求是，科学设置拍摄环境与背景，合理布置灯光，优化构图模式。切忌盗用、冒用他人图片。

（2）作为商品的销售者，要具备一定的沟通技巧，能与顾客进行较为顺畅地交流。

（3）选择正规的二手物品交易平台进行交易，避免上当受骗，防止网络诈骗。

任务实施

步骤1 在手机上下载转转App，然后用手机号注册并登录。

步骤2 单击"卖闲置"，选择"拍图自己卖"。

步骤3 实事求是地描述物品、上传照片、设定物品种类；合理制订价格，设置发货地。

步骤4 点击发布，等待买家联系。

步骤5 快递发货，顾客收货。

项目三 铸就劳动品质，提升劳动素养

思政导学

党的二十大报告指出，"弘扬诚信文化，健全诚信建设长效机制。"人无信不立，即不讲信用的人寸步难行。诚实是言行一致、表里如一的道德品质。诚实守信是中华民族的传统美德。自古以来，诚实就是为人处世的基本准则。诚实劳动就是在各行各业的劳动中，必须以诚实为本，遵纪守法，做到实事求是。

劳动反思

（1）你在商品二手交易的过程中，哪些方面做到了诚实劳动？

（2）你对自己的销售成果感到：□很满意 □比较满意 □不满意 □很不满意。

（3）在此次二手物品交易过程中，你认为还有哪些方面可以进一步优化？

任务评价

序号	任务实施成果	评价标准	是/否
1	商品价格制订	与物品价值及新旧程度相符	
2	二手交易平台上物品文案及图片上传	文案、图片贴近实际，实事求是	
3	二手交易平台选择	选择正规的二手交易平台	
4	商品销售	顺利完成商品销售	

任务检测

一、单项选择题

1.（　　）就是在各行各业的劳动中，必须以诚实为本，绝对不做虚假宣传、制假造假、偷工减料、以次充好，更不能缺斤少两、欺骗消费者。

A. 诚实劳动　　　B. 合法劳动　　　C. 安全劳动　　　D. 协作劳动

2."人世间的美好梦想，只有通过诚实劳动才能实现；发展中的各种难题，只有通过诚实劳动才能破解；生命里的一切辉煌，只有通过诚实劳动才能铸就。"这句话强调在生活中，我们要（　　）。

A.诚实劳动　　　　B.合法劳动　　　　C.安全劳动　　　　D.协作劳动

3.在二手交易的过程中，经营者要牢记（　　）是立身之本。

A.合法经营　　　　B.盲目跟风　　　　C.诚信经营　　　　D.虚假宣传

4.在对即将交易的物品进行介绍时，要（　　）。

A.实事求是、全面介绍　　　　　　　B.夸大其词地介绍

C.介绍物品的优点，掩盖其缺点　　　D.虚构其作用和功能

5.诚实劳动是劳动者应遵守的规范，劳动者在劳动中要做到（　　）。

A.遵纪守法，拒绝弄虚作假　　　　　B.缺斤短两

C.偷工减料　　　　　　　　　　　　D.以次充好

二、多项选择题

1.诚实劳动能够（　　）。

A.彰显人格魅力，获取他人的信任和帮助

B.形成良好的社会氛围，创造精神财富

C.培养良好的道德品质，为社会发展作出应有的贡献

D.赢得他人的尊重，铸就个体生命价值

2.对于进行二次交易的商品，在开展商品介绍时，要注意（　　）。

A.销售文案的制作和整理，要贴近事实

B.不可过度夸大其词

C.不能降低服务标准

D.讲究诚实守信

3.在二手交易平台上出售自己不需要的物品，可以（　　）。

A.清理空间　　　　　　　　　　　　B.赚取一些零花钱

C.有利于发展循环经济　　　　　　　D.促进资源节约型、环境友好型社会的建设

4.诚实守信就是劳动者在劳动中应该做到（　　）。

A.遵纪守法　　　　B.信守诺言　　　　C.虚假宣传　　　　D.以次充好

5.无论从事哪种职业，都要遵守职业道德规范，注重（   ）。
A.生产规范　　　　B.榨取剩余价值　　　C.诚信为本　　　　D.金钱至上

三、判断题

1.诚实劳动就是劳动者要以诚实守信的态度来对待自己的工作。（   ）
2.诚实劳动解决发展中遇到的问题，更创造着一切辉煌。（   ）
3.诚实是劳动者的基本品格，诚实守信是企业员工最基本的职业素养。（   ）
4.在网络销售过程中，要谨慎选择二手交易平台。（   ）
5.在不同的行业或职业领域，诚实劳动有相同的要求。（   ）

任务拓展

随着人们生活水平的提高，越来越多的物品被闲置，难以发挥其作用。请你在二手交易平台上完成一次闲置物品交易。

任务二　合法劳动

任务导入

中职三年级学生即将毕业，走向社会，踏上就业岗位。请结合专业实际，设计合法劳动的手抄报，提升法治意识，合法劳动。

物资准备

工具准备

彩色卡纸、彩色笔、尺子、铅笔、剪刀、胶水、装饰材料（闪光纸、彩纸、贴纸）。

环境准备

干净、整洁、安静、明亮的工作间等。

知识准备

一、合法劳动的含义

合法劳动主要指劳动者要在法律规定的范围内进行产品的生产和销售。经营者要具备相应的资质，遵守国家规定，以及生产、制作、服务的许可制度。劳动者要具备从事行业要求的资质，比如年龄、学历、专业、身体状况；生产者生产的产品要达到国家规定的质量标准。

从企业层面来讲，经营者要强化企业守法意识和依法用工观念，服从国家利益、严格执行法律要求，依法依规兴办企业，合法经营；从个人层面来讲，劳动者要遵守劳动法律法规和用人单位规章制度，以主人翁的态度在工作岗位上尽职尽责，合法、合理、合规劳动。

二、合法劳动的意义

合法劳动是生存发展之本。对于企业经营者来说，合法劳动是企业健康、持续、快速发展的保证，是实现企业社会效益、经济效益双丰收的正确选择。合法劳动有利于推动市场的建设和发展，也有利于促进经济持续健康的发展。对于劳动者来说，要认真学习法律知识。当自身合法权益受到侵犯时，要坚持走法律程序，合情、合理、合法地表达主张。

只有用人单位和劳动者相互配合、相互尊重，自觉学法、守法、尊法、用法，全民守法的社会氛围才会越来越浓厚，劳动关系纠纷才会越来越少。

项目三　铸就劳动品质，提升劳动素养

任务链接

手抄报是一种可传阅、可观赏、可粘贴的报纸，手抄报作为宣传工具，相当于缩小版的黑板报，内容包含主题、插图、装饰（花边）和文字，具有相当强的可塑性和自由性。制作手抄报是一种有趣且富有创意的活动，可以帮助中职学生在学习、艺术和表达自我方面提高能力。

制作一张精美的手抄报，需要精心地设计版面，要有丰富的想象力，大胆地设想，然后根据内容去添加相关的图画。通过制作手抄报，可以培养动手、动脑的习惯，提升审美能力，同时提高创新意识和创造能力。

任务筹划

筹划项目	筹划内容
准备阶段	
制作阶段	
展示阶段	

劳动提示

（1）制作手抄报的过程中，在设计上，要图文并茂、布局合理；在内容上，要主题精准、内容丰富；在书写上，要版面整洁、书写工整。

（2）制作手抄报，要选择环保、适宜的材料。

任务实施

步骤 1　选题和规划。根据要求选择一个主题，如合法劳动等。根据合法劳动主题规划手抄报的内容。

步骤 2　绘制基本框架。用铅笔和尺子画出每个部分的边框。确保文字和图像分布均匀。

步骤3 撰写和装饰。根据查阅合法劳动的案例及相关知识，撰写内容，见表3-1。用贴纸、彩纸等材料进行装饰。

表3-1 合法劳动相关知识

序号	合法劳动相关知识
1	中职毕业生走向工作岗位，作为劳动者一定要与用人单位签订劳动合同
2	劳动者与用人单位发生劳动争议，劳动者要通过合适的方式解决劳动争议，尤其是拿起法律武器维护自己的合法权益
3	任何单位和个人不得雇佣未满18周岁的未成年人
4	劳动者在签订劳动合同时，要关注劳动者的工作时间、休息休假、劳动报酬、社会保险等方面的规定
5	一名合格的劳动者，在劳动合同解除和终止过程中，应当按照法律要求合法地行使权利并履行义务

步骤4 润色和修正，完成手抄报。检查文字是否有错别字，图片和装饰是否美观。

劳动反思

（1）你在制作合法劳动手抄报的过程中，在合法劳动方面学到了什么？

（2）你对制作合法劳动手抄报感到：□很满意 □比较满意 □不满意 □很不满意。

（3）制作合法劳动手抄报的过程中，需要注意哪些内容？

思政导学

（1）作为新时代中职学生，在学习、生活、劳动中，都应该树立以遵纪守法为荣、以违法乱纪为耻的观念，增强法治意识，养成遵纪守法的习惯，合法劳动。

（2）在制作手抄报的过程中，熟悉合法劳动的具体要求，提高生产劳动的法治意识和法治素养，养成学法守法用法的良好习惯。通过亲身参与劳动，直观地感受在具体工作中的合法劳动。

任务评价

序号	任务实施成果	评价标准	是/否
1	准备阶段	选题恰当，内容搜集多种多样	
2	制作阶段	设计上，图文并茂、布局合理；内容上，主题精准、内容丰富；书写上，版面整洁、书写工整	
3	展示阶段	整体上，准确、新颖、美观	

任务检测

一、单项选择题

1."没有规矩，不成方圆。"如果事先不制定明确的规则，就无法做成任何事情。在劳动的过程中，要坚持（　　）。

　　A.诚实劳动　　　　　　　　　　B.协作劳动

　　C.创新劳动　　　　　　　　　　D.合法劳动

2.俗话说："君子爱财，取之有道。"这里的"道"，是指钱财的获取是在遵纪守法的前提下，通过辛勤劳动获得的。这里要求劳动者的劳动是（　　）。

　　A.诚实的劳动　　　　　　　　　B.合法的劳动

　　C.创新的劳动　　　　　　　　　D.协同的劳动

3.制作手抄报设计上要求有（　　）。

　　A.主题集中、内容丰富　　　　　B.版面整洁、书写工整

　　C.夸大其词，假话连篇　　　　　D.图文并茂、设计合理

4.劳动者根据（　　）在签订劳动合同时，要关注劳动者的工作时间、休息休假、劳动报酬、社会保险等方面的规定。

　　A.《中华人民共和国著作权法》　　B.《中华人民共和国广告法》

　　C.《中华人民共和国反不正当竞争法》　D.《中华人民共和国劳动合同法》

5.企业经营者要强化企业守法意识和依法用工观念，服从国家利益、严格执行劳动法律要求，依法依规兴办企业，（　　）。

　　A.诚信经营　　　B.非法经营　　　C.合法经营　　　D.自由经营

二、多项选择题

1.手抄报能够提高中职学生学习兴趣，能够(　　)。
A.促进学生的成长　　　　　　　　B.培养创新能力
C.摆脱电子产品　　　　　　　　　D.提升审美能力

2.制作手抄报需要用到的有(　　)。
A.彩色卡纸　　　B.彩色笔　　　C.尺子和铅笔　　　D.鲜花

3.要做到合法劳动就必须在生产劳动中提高(　　)，养成学法、用法、守法的良好习惯。
A.法治意识　　　B.法治素养　　　C.道德观念　　　D.职业素养

4.制作手抄报需要的步骤有(　　)等步骤。
A.选题和规划　　　　　　　　　　B.绘制基本框架
C.撰写和装饰　　　　　　　　　　D.润色和修正

5.从个人层面来讲，劳动者要遵守劳动法律法规和用人单位规章制度，以主人翁的态度在工作岗位上尽职尽责，(　　)劳动。
A.合法　　　B.合理　　　C.合规　　　D.合意

三、判断题

1.合法劳动主要指劳动者要在法律规定的范围内进行产品的生产和销售。(　　)

2.手抄报不是一种有趣且富有创意的活动。(　　)

3.对于企业经营者来说，合法劳动是企业健康、持续、快速发展的保证，是实现企业社会效益、经济效益双丰收的正确选择。(　　)

4.制作手抄报的第一步是撰写内容。(　　)

5.作为新时代的青年，在学习、生活、劳动中，都应该树立以遵纪守法为荣，以违法乱纪为耻的牢固观念，增强法治意识，养成遵纪守法的习惯，合法劳动。(　　)

任务拓展

作为即将毕业的中职学生，结合专业实际，设计合法劳动的宣传海报，向同学们宣传合法劳动。

任务三　协作劳动

任务导入

了解协作劳动的意义，并和班级其他同学合作准备一场元旦联欢晚会。

物资准备

工具准备

笔记本电脑、手持麦克风、音响，以及晚会所需要的饮料、水果、小零食、气球、彩带、横幅、鲜花、荧光棒、演出服装等。

环境准备

元旦联欢晚会所需要的教室、演员化妆室或者准备室。

其他准备

主持人2名；邀请班级教师；制作节目单等。

知识准备

一、协作劳动的含义

协作劳动是指对有联系的劳动活动所进行的统筹安排，是劳动者在一定生产条件下的协同劳动。协作劳动分为两种：一种是以简单分工为基础的协作，是简单性的协作劳动；另一种是以细致分工为基础的协作，是复杂性的协作劳动。

二、协作劳动的意义

协作劳动可以完成个人无法独立完成的大项目，让劳动任务完成得更加高效。协作劳动能够将团队每位成员的优势最大限度地发挥出来，进一步统一目标和方向，凝聚力量，提升劳动附加值。

任务链接

一、举办元旦联欢晚会的意义

元旦联欢晚会是人们为了庆祝新年的到来，举行的各种各样的文艺表演活动。通过开展班级元旦联欢晚会，同学们能够感受到晚会的乐趣，更好地融入班集体，增强集体意识，营造积极向上、健康文明的校园文化氛围，打造和谐校园。同时，开展班级元旦联欢晚会还能展现新时代中职学生的青春风采和精神风貌，引导学生全面和谐发展，进而推进校园精神文明建设，增进师生、同学之间的友谊。

二、元旦联欢晚会的活动方案

通过亲身参与，大家感受到新年的欢乐气氛，放飞心情，迎接美好未来。下面为元旦联欢晚会方案示例。

元旦联欢晚会活动方案

1. 活动主题："庆元旦，迎新年"元旦联欢晚会。
2. 活动时间：12月31日19：30。
3. 活动地点：班级教室。
4. 参加人员：班主任及全班同学。
5. 活动流程：班主任致辞，表演节目。
6. 注意事项：
（1）禁止携带易燃易爆等危险物品。
（2）注意安全，所有道具不得带有危险性，并提前报备班主任。
（3）活动结束后，要彻底打扫班级卫生，保证室内外清洁，并将桌椅摆放整齐，确保不影响元旦后正常上课。

劳动故事

团队协作精神

在2022年冬奥会短道速滑混合团体2000米接力比赛中，中国队以小组第一的成绩晋级半决赛，小组第二的成绩晋级决赛。2月5日晚，中国队派出了武大靖、任子威、范可新、曲春雨和张雨婷的组合，彰显团队力量，展现团结素养。在紧张激烈的决赛中，曲春雨两次完美超越，帮助中国队争取到更有利的身位优势，武大靖在最后一棒顶住意大利队的强势追赶，以一个刀尖的微弱优势率先冲线，为中国体育代表团夺得本届冬奥会首金（图3-2）。回看这场比赛：是强大实力和默契的配合，造就了速度与激情；是顽强拼搏与从容不迫，书写了光荣与梦想。

图3-2　中国体育代表团夺得本届冬奥会首金

（资料来源：编者根据相关资料整理）

任务筹划

筹划项目	筹划内容
元旦联欢晚会的策划环节	
元旦联欢晚会的主持环节	
元旦联欢晚会的节目表演环节	
综合评价	

劳动提示

（1）注意分工协作。元旦联欢晚会策划者需统一安排调度，做好各方面工作。

（2）在开展元旦联欢晚会的过程中，要注意对流程做好统筹。

任务实施

为了保证元旦联欢晚会顺利进行，可将晚会分为三个阶段，即准备阶段、实施阶段、总结阶段。

步骤1 准备阶段。做好团队分工，布置好元旦联欢晚会的场地（晚会所需要的教室，包括桌椅板凳），如图3-3所示；购买晚会所需要的各种水果、零食等物品；排练元旦联欢晚会的节目；选好主持人；确定好邀请教师名单，并发出邀请函；做好相关的细节准备。

图3-3 元旦联欢晚会的场地布置

步骤2 实施阶段。按照晚会现场流程进行，见表3-2。

表3-2 元旦联欢晚会现场流程

时间	内容
19：30	入场（教师、同学按指示牌就座，演员做好准备）
20：00	晚会开始（主持人入场，主持晚会）
20：05	班主任致辞
20：10~20：50	节目一至节目五
21：00	晚会结束

步骤3 总结阶段。元旦联欢晚会完成后，对教室进行彻底打扫。同时，对本次活动进行总结，并探讨心得及收获。

项目三　铸就劳动品质，提升劳动素养

思政导学

军事家孙武曾说"上下同欲者胜"，意思是上下意愿一致、同心协力就能获胜。团队协作是一种重要的工作方式。培养团队协作能力，学会如何与他人合作，共同完成任务，培养团队精神和集体荣誉感。

劳动反思

（1）在开展元旦联欢晚会的过程中，人员与环节安排是否合理？分工是否妥当？还有没有需要提升的地方？

（2）你对元旦联欢晚会的设计及开展的成果感到：□很满意　□比较满意　□不满意　□很不满意。

（3）在开展元旦联欢晚会的过程中，你了解到协作劳动的意义有哪些？

任务评价

序号	任务实施成果	评价标准	是/否
1	元旦联欢晚会策划环节	策划者具有较强的沟通能力、较强的创新意识、统筹安排的领导力	
2	元旦联欢晚会主持环节	主持人具有应对突发事件的能力，设计别出心裁，环节清晰、语言表达流利	
3	元旦联欢晚会表演环节	节目精彩、引人入胜	
4	综合评价	团队协作意识强，目标、分工明确，晚会效果好	

任务检测

一、单项选择题

1. 军事家孙武曾说"上下同欲者胜。"这说明在劳动中,我们要坚持(　　)。
   A. 协作劳动　　　B. 诚实劳动　　　C. 辛勤劳动　　　D. 合法劳动

2. 2022 年冬奥会上,中国体育健儿们在短道速滑混合团体 2000 米接力比赛中获得金牌。这是中国体育健儿(　　)的结果。
   A. 团结协作　　　B. 诚实守信　　　C. 明礼守法　　　D. 统一领导

3. (　　)是指对有联系的劳动活动所进行的统筹安排,是劳动者在一定生产条件下的协同劳动。
   A. 安全劳动　　　B. 诚实劳动　　　C. 协作劳动　　　D. 创造性劳动

4. 组织策划元旦联欢晚会,需要养成协同合作的劳动习惯,树立(　　)的理念。
   A. 协作劳动　　　B. 合理劳动　　　C. 诚信劳动　　　D. 辛勤劳动

5. 屠呦呦曾指出:"没有相互之间无私合作的团队精神,不可能在短期内将青蒿素贡献给世界。"这说明了在劳动中要加强(　　)。
   A. 团队协作　　　B. 英勇奋斗　　　C. 辛勤劳动　　　D. 敢于创新

6. 协作体现了生产组织的平均劳动力,对工人的管理提供了标准。这说明协作劳动可以(　　)。
   A. 约束、规范和控制成员行为　　　B. 提升劳动效率
   C. 完成紧迫、紧急任务　　　　　　D. 扩大生产规模

二、多项选择题

1. 下列选项中,属于农业领域协作劳动的是(　　)。
   A. 修筑河堤　　　　　　　　　B. 抢收抢种
   C. 流水线生产商品　　　　　　D. 民乐合奏

2. 下列选项中,属于协作劳动意义的是(　　)。
   A. 提高工作效率　　　　　　　B. 发挥团队优势
   C. 增加劳动价值　　　　　　　D. 个体主义思想蔓延

3.元旦联欢晚会节目主持人需要具有(　　　)。

A.较强的语言表达能力　　　　　　B.深厚的文字功底

C.较强的逻辑思维能力　　　　　　D.较强的沟通能力

4.2022年冬奥会上，中国队在短道速滑混合团体2000米接力比赛中获得金牌。这说明(　　　)。

A.协作劳动可以提高组织的整体能力

B.协作劳动能够最大限度凝聚力量

C.协作劳动能够更加出色地完成比赛

D.协作劳动能够更大程度上凝聚起团结奋进的强大动力

三、判断题

1.协作是分工不可缺少的条件，分工越细，越需要加强协作。　　　　(　　)

2.元旦联欢晚会的组织和策划只靠一个人就能够完成。　　　　　　(　　)

3.团队在开展协作劳动时，要积极营造一种协作劳动的氛围，强调协作劳动建设，引导成员之间相互配合，形成协作劳动文化。　　　　　　　　　　　　(　　)

4.协作劳动使劳动者在劳动中配合得恰到好处，能够提高劳动效率，让劳动任务完成得更加高效。　　　　　　　　　　　　　　　　　　　　　　　　(　　)

5.协作劳动可以完成个人无法独立完成的大项目。　　　　　　　　(　　)

任务拓展

寒暑假期间，为了更好解决父母上班，孩子无人看管的现实问题，你和朋友准备在社区举办义务托管班。你们将如何开展托管班呢？应该做好哪些准备工作？

任务四　创造性劳动

任务导入

随着社会的发展和进步，乡村振兴全面推进，产业振兴成为乡村振兴的重中之重。某村的土月饼发展前景广阔，为进一步促进产业发展，请设计一款月饼包装盒。

物资准备

工具准备

电脑、直尺、铅笔、胶水、美工刀、打印机等。

材料准备

特色包装盒、包装纸。

环境准备

设有书桌的房间、环境整洁。

知识准备

一、创造性劳动的含义

创造性劳动是劳动的高级形态。创造性劳动是一种以创造性思维为主导的脑力活动，需要有创造能力的劳动者，能够实现人的全面发展。创造性劳动具有鲜明的时代特征，也是经济社会发展对劳动者提出的新要求。

二、创造性劳动的意义

（一）推动社会进步

创造性劳动能够推动社会进步。创造性劳动是社会进步的关键因素，它推动了科技、文化和经济的发展。新的思想、方法和产品的出现，有助于提高生产效率，满足人们的需求。

（二）提升个人价值

创造性劳动能够激发个体的创新精神，提升个人价值，成就伟大梦想。创造性劳动是实现个人全面发展的重要方式。

新时代中职学生具有奋发有为的青春活力、不拘一格的创造能力、敢为天下先的精神风貌，这些都是创造性劳动得以实现的必备条件。通过创造性劳动，新时代中职学生可以学习新知识、新技能，提升个人的价值，不断突破常规，捕捉机遇，创造新成果，成就伟大梦想。

劳动故事

中国劳动人民的伟大创造：赵州桥与港珠澳大桥

赵州桥（图3-4）是古代劳动人民智慧的结晶，开创了我国桥梁建造的崭新局面。它建于隋朝年间，由著名匠师李春设计建造。赵州桥因桥体全部用石料建成，当地称作"大石桥"。赵州桥高超的技术水平和不朽的艺术价值，充分显示出我国劳动人民的智慧和力量。赵州桥的设计构思和工艺的精巧，不仅在我国古桥中首屈一指，而且据专家考证，像这样的敞肩拱桥，欧洲到19世纪中期才出现，比我国晚了1200多年。

图3-4 赵州桥

港珠澳大桥（图3-5）作为世界上最长的跨海大桥，全长55公里，历经5年规划、9年建设，被英国《卫报》誉为"新世界七大奇迹"。大桥将三个城市连接起来，是世界上最长的跨海桥梁和隧道系统，大桥将三个城市之间的旅行时间从3小时缩短到30分钟，这座跨度巨大的钢筋混凝土大桥充分证明了我国有能力建造创纪录的巨型建筑。

图3-5　港珠澳大桥

不管是古代的赵州桥，还是新时代的港珠澳大桥，都凝结着广大劳动人民的创新创造，是劳动人民创新创造的结晶。

（资料来源：编者根据相关资料整理）

任务链接

一、包装设计的含义及功能

（一）包装设计的含义

我国最早的包装形式可以追溯到原始社会。在旧石器时代，中华民族的先民们用植物叶子、兽皮、贝壳等进行装饰。随着生产力水平的不断提高，人们开始利用木材、陶瓷、金属、漆器等材料包装容器。到了唐宋时期，造纸术、印刷术的发明，进一步促进了古代社会包装材料和制作水平的发展和进步。产品包装设计内容主要包括包装箱、包装盒、包装纸、包装袋等（图3-6）。

图 3-6 包装箱、包装纸

（二）包装设计的功能

产品包装设计的功能主要有保护功能、便利功能、销售功能。

1. 产品包装设计的保护功能

根据商品的特性和运输条件，选择适当的包装材料、包装容器、包装方法；采用一定的技术处理，对商品进行包装，保护商品不受损坏等，比如鸡蛋礼盒的包装。

2. 产品包装设计的便利功能

产品包装设计的便利功能主要包括便于运输、销售、使用和携带。比如桶装羽毛球的包装（图 3-7）。

图 3-7 桶装羽毛球的包装

3.产品包装设计的销售功能

产品包装设计能够吸引消费者，提升销售成功率。产品包装设计的销售功能主要体现在三个方面，即传递信息、宣传企业品牌、装饰美化产品。比如某品牌冰箱的局部包装设计（图 3-8）有利于企业品牌的宣传。

图 3-8　某品牌冰箱的局部包装设计

二、产品包装设计的工作流程

产品包装设计的工作流程如图 3-9 所示。

第一，企业调研，了解企业的需求及商品特点，明确产品包装设计任务。

第二，对包装设计任务进行可行性分析，形成报告。

第三，根据任务的可行性分析，制订包装设计方案。

第四，依据前期的基础，精细化绘图。

第五，对已经绘制的图片进行展示和评价，并给出修改意见。

第六，根据修改意见，对绘图进行修改完善，最终定稿。

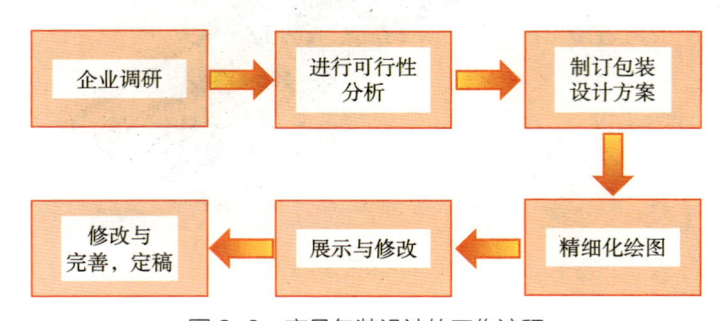

图 3-9　产品包装设计的工作流程

项目三　铸就劳动品质，提升劳动素养

劳动提示

（1）注意企业的要求。在设计产品的包装时，一定要充分考虑企业的要求和产品的特点。深入了解企业文化，挖掘产品特色，融入产品的包装设计中。

（2）裁剪和折叠的顺序是：先切割再折叠。注意在裁剪过程中一定遵循"实线切、虚线折"的原理，即平面展开设计图中标注实线的需要用刀具切割，图中标注虚线的是需要折叠的地方。

（3）在包装的结构设计上，进行创新，使包装更具环保性、适度性、时代性、适用性。

任务筹划

筹划项目	筹划内容
产品包装设计的创意是否新颖	
产品包装材料是否环保	
产品包装是否高效、安全	
产品包装的总体设计是否满足要求	

任务实施

步骤1　准备电脑、笔记本、草稿纸、铅笔等工具，如图 3-10 所示。

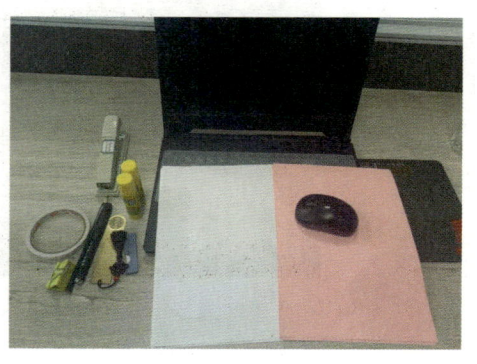

图 3-10　准备工具

95

步骤 2 绘制产品包装草图，如图 3-11 所示。

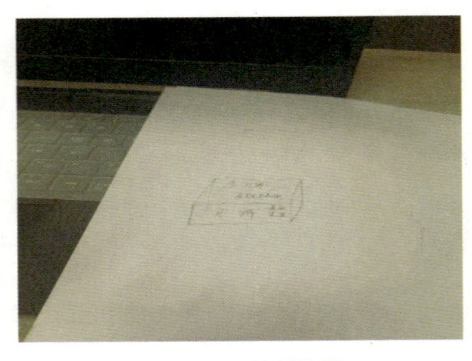

图 3-11　绘制草图

步骤 3 在电脑上设计包装盒平面展开图，如图 3-12 所示。

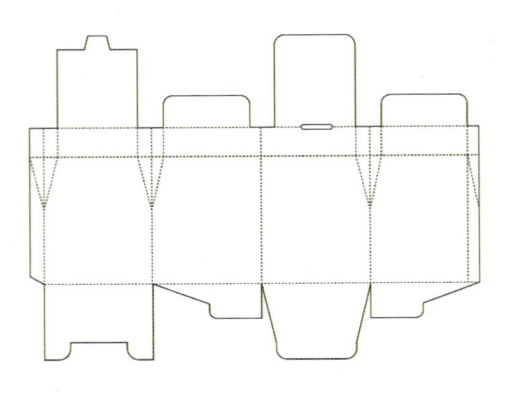

图 3-12　设计平面展开图

步骤 4 在电脑上设计包装盒样式和图案，如图 3-13 所示。

图 3-13　设计样式和图案

步骤 5 挑选包装材料纸张,如图 3-14 所示。

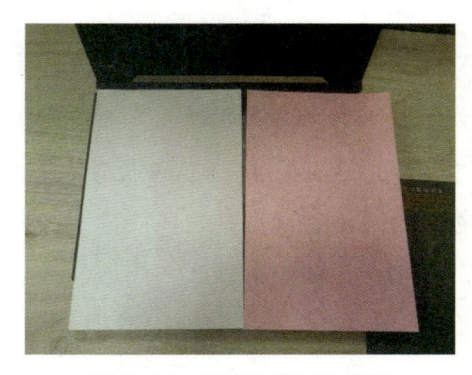

图 3-14 挑选包装材料纸张

步骤 6 打印包装盒展开图,如图 3-15 所示。

图 3-15 打印包装盒展开图

步骤 7 裁剪和折叠包装盒,如图 3-16 所示。

图 3-16 裁剪和折叠包装盒

步骤 8 包装盒制作完成。

思政导学

设计产品包装是一种创造性劳动。在设计产品包装的过程中,要发挥创造性思维,增强创新意识,提高创造能力。通过创造性劳动,培养探索精神、创新能力,积累实践经验,强化观察、分析、判断、解释、评价等人工智能时代不可替代的关键能力,最终成为具备自主创新能力的新型劳动人才。

劳动反思

(1)在设计包装的过程中,你是如何构思创意的?你的这款设计突出了哪些创造性元素?

(2)你对包装的设计成果感到:□很满意 □比较满意 □满意 □不满意。

(3)在这次包装设计的过程中,你学到了什么?

任务评价

序号	任务实施成果	评价标准	是/否
1	产品包装设计的创意是否新颖	结构合理、图案创新、色彩和谐	
2	产品包装材料是否环保	材料环保、无污染	
3	产品包装是否高效、安全	产品包装裁剪无误、无安全问题	
4	产品包装的总体设计是否满足要求	新颖、美观、适用	

任务检测

一、单项选择题

1.(   )是一个民族进步的灵魂,是一个国家兴旺发达的不竭动力。

A.奋斗   B.诚实

C.安全　　　　　　　　　　　　D.创新

2.创造性劳动是一种以（　　）为主导的活动。

A.创造性思维　　　　　　　　　B.简单劳动

C.重复性劳动　　　　　　　　　D.复杂性劳动

3.到了（　　）时期，造纸术、印刷术的发明，进一步促进了古代社会包装材料和制作水平的发展和进步。

A.秦汉时期　　　　　　　　　　B.元明时期

C.唐宋时期　　　　　　　　　　D.明清时期

4.赵州桥的设计构思和工艺的精巧，在我国古桥中首屈一指。像这样的敞肩拱桥，欧洲到19世纪中期才出现，比我国晚了（　　）多年。

A.1000　　　　　　　　　　　　B.1200

C.1500　　　　　　　　　　　　D.2000

5.在打印包装盒展开图时，选择打印纸时要注意（　　）。

A.选择合适的打印纸，要绿色环保

B.任何纸张都可以

C.只要纸张价格便宜就行，其他无所谓

D.纸张的选择，越贵越好

二、多项选择题

1.在旧石器时代，中华民族的先民们用（　　）等进行装饰。

A.植物叶子　　　　　　　　　　B.兽皮

C.贝壳　　　　　　　　　　　　D.包装纸

2.在绘制产品包装盒草图的时候，要体现（　　）。

A.创造精神　　　　　　　　　　B.产品特点

C.美观漂亮　　　　　　　　　　D.经济实用

3.对月饼包装盒设计的评价，主要包括（　　）。

A.美观漂亮　　　　　　　　　　B.节能环保

C.创新创造　　　　　　　　　　D.经济实用

4.每一个人都在尝试冲破常规,捕捉新的机遇,只有这样,才铸就了(　　　)等伟大工程。

A.墨子号　　　　　　　　　　B.探月工程

C.蛟龙号　　　　　　　　　　D.港珠澳大桥

5.创造性劳动的意义包括(　　　)。

A.创造性劳动能够推动社会进步

B.创造性劳动能够激发个体的创新精神

C.创造性劳动是实现个人全面发展的重要方式

D.创造性劳动会阻碍社会发展与进步

三、判断题

1.复杂劳动是简单劳动的叠加,简单劳动发展到一定阶段就成为创造性劳动。(　　　)

2.不管是古代的赵州桥,还是新时代的港珠澳大桥,都凝结着广大劳动人民的创新创造,是劳动人民创新创造的结晶。(　　　)

3.创造性劳动与普通劳动没有差别。(　　　)

4.裁剪和折叠的顺序是先折叠,再切割。(　　　)

5.在进行包装纸盒切割时,一定要注意安全用刀。在制作包装盒的过程中,可以让朋友帮忙完成。(　　　)

任务拓展

新时代中职学生应服务于乡村振兴战略,推进乡村产业振兴,请你为新疆吐鲁番葡萄干设计一个包装袋,助力葡萄干的销售。

项目小结

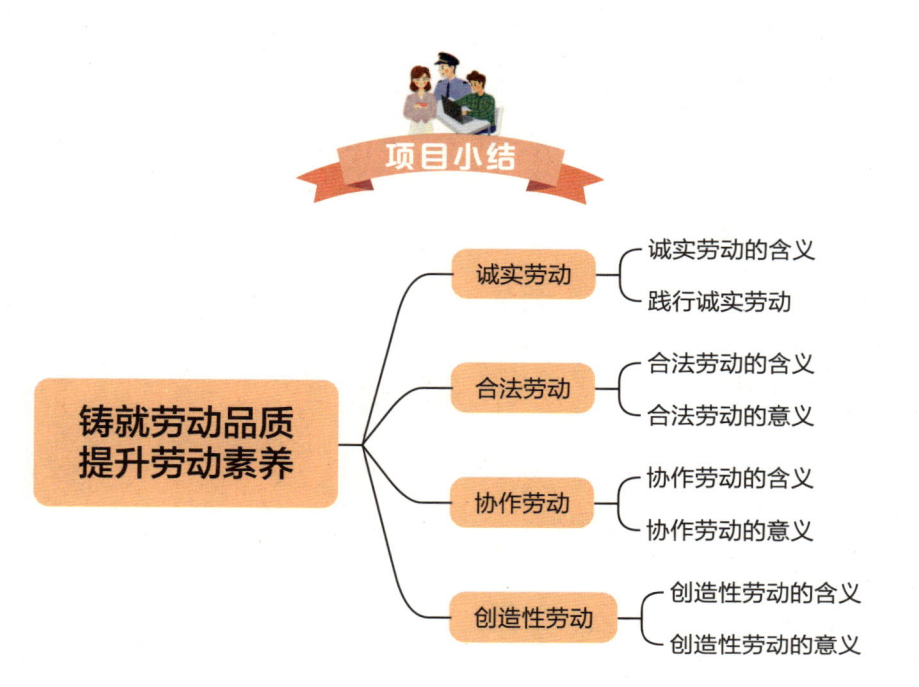

- 铸就劳动品质 提升劳动素养
  - 诚实劳动
    - 诚实劳动的含义
    - 践行诚实劳动
  - 合法劳动
    - 合法劳动的含义
    - 合法劳动的意义
  - 协作劳动
    - 协作劳动的含义
    - 协作劳动的意义
  - 创造性劳动
    - 创造性劳动的含义
    - 创造性劳动的意义

项目四

参加生活劳动，培养劳动能力

项目导读

"人生两个宝,双手与大脑。用脑不用手,快要被打倒。用手不用脑,饭也吃不饱。手脑都会用,才算是开天辟地的大好佬。"陶行知先生这首脍炙人口的《手脑相长歌》,道出了生活靠劳动创造、劳动改变人生的道理。本项目通过完成包饺子、打扫家庭卫生、开展校园绿化环境活动、开展垃圾分类专项活动等力所能及的日常生活劳动,同学们在劳动实践中学习劳动技能、培养劳动能力、享受劳动乐趣。同时,培养学生热爱劳动、珍惜劳动成果的优良品质。

项目目标

⊙ 政治认同: 坚持马克思主义世界观和方法论,增强对中华优秀传统文化的认同感,自觉培育和践行社会主义核心价值观,在实现中国梦的伟大实践中创造自己的精彩人生。

⊙ 职业精神: 熟悉日常生活劳动,树立正确的劳动观;通过辛勤劳动、诚实劳动、创造性劳动,实现自身发展;培养良好的劳动习惯,在劳动中自觉践行劳动精神、劳模精神和工匠精神。

⊙ 法治意识: 理解日常生活中劳动的价值,养成依法行使权利、履行法定义务的思维方式和行为习惯。

⊙ 健全人格: 掌握日常生活中劳动的方法,提升劳动能力;增强做事的条理性和逻辑性,涵养感恩之心;培育自立自强、敬业乐群的心理品质,培养自尊自信、理性平和、积极向上的良好心态。

⊙ 公共参与: 通过开展日常生活劳动,提升主人翁意识;有序参与日常生活劳动,培养劳动主动性和自觉性;乐于为人民服务,勇于担当社会责任,牢固树立劳动使命感。

任务一　个人劳动

任务导入

饺子的故事

自己动手制作一份热气腾腾的韭菜鸡蛋馅儿饺子，把所有的祝福和爱都包进饺子里，和家人一起品尝，享受劳动带来的乐趣，进而体验日常生活劳动的情感价值。

物资准备

工具准备

擀面杖、盘子、漏勺、木铲、碗筷、锅等。

材料准备

高筋面粉、鸡蛋、韭菜、食用油、香油、食盐、鸡精等。

知识准备

一、日常生活劳动的概念

日常生活劳动是指人们在日常生活中进行的、维持基本生活条件和家庭运转直接相关的各种活动。日常生活劳动主要包括家务劳动、日常自我服务、家庭管理、生活技能实践等，如图 4-1 所示。

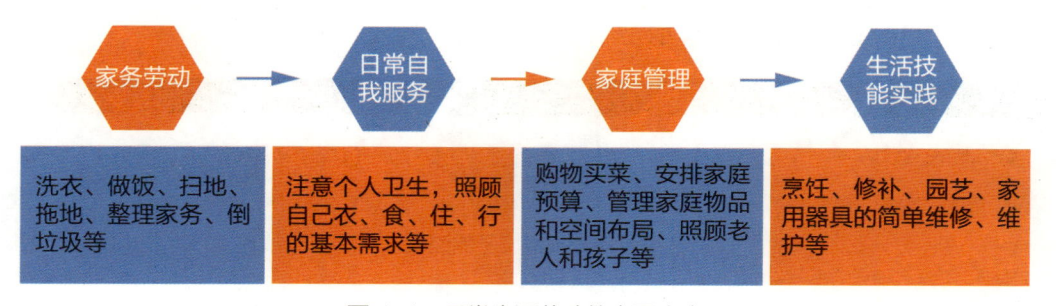

家务劳动	日常自我服务	家庭管理	生活技能实践
洗衣、做饭、扫地、拖地、整理家务、倒垃圾等	注意个人卫生，照顾自己衣、食、住、行的基本需求等	购物买菜、安排家庭预算、管理家庭物品和空间布局、照顾老人和孩子等	烹饪、修补、园艺、家用器具的简单维修、维护等

图 4-1　日常生活劳动的主要内容

二、日常生活劳动的价值意义

（1）维持基本生活。日常生活劳动不仅是满足个人和家庭基本生活需求的基础，还能带来精神上的愉悦，提高生活质量。

（2）传承文化与价值观。日常生活劳动中蕴含着丰富的文化和传统智慧，不仅是实用技术的传承，也是家庭和社会文化的延续。

（3）培养责任感和独立性。参与日常生活劳动有助于培养个体的责任感和独立生活能力，从而成为有责任心的社会成员。

（4）提升劳动教育价值。培养热爱劳动、尊重劳动成果的意识，养成热爱生活、知行合一的良好行为习惯。

任务链接

一、包饺子

饺子是我国的传统美食，在我国已有千余年的历史。除夕夜守岁时包饺子，辞岁时吃，称为"更岁交子"，"饺子"一词由此谐音而来。过年吃饺子代表着辞旧迎新，大吉大利。饺子主要流行于我国北方地区，二十四节气中的"冬至"就有吃饺子的习俗。我国各地饺子类型很多，如沈阳的老边饺子、山东的高汤水饺、上海的锅贴饺、扬州的蟹黄蒸饺、四川的红油水饺、广东的虾饺等。饺子蕴含了中国人的饮食智慧，已经成为中国饮食文化的一个符号。

饺子一般有 9 种包法，形成不同形状的饺子：糖果饺子、元宝饺子、黄金饺子、大肚饺子、钱包饺子、百财饺子、团圆饺子、传统饺子、柳叶饺子。

二、包饺子的流程

包饺子的流程如图 4-2 所示。

第一步	第二步	第三步	第四步	第五步
和面	备馅儿	擀皮	包饺子	煮饺子

图 4-2　包饺子的流程

项目四　参加生活劳动，培养劳动能力

任务筹划

筹划项目	筹划内容
包饺子的工序	
包饺子的方法	
煮饺子的方法	

劳动提示

煮饺子要全程大火，这样饺子皮不容易破。在水中加入盐可防止饺子黏连，饺子的色泽会变白，汤色也清亮。素馅儿饺子加一次冷水，肉馅饺子加三次冷水，也就是"三开三点水"。

任务实施

步骤 1　和面。将面粉倒在面盆里摊开，加入盐和鸡蛋，一边慢慢倒入温水一边搅拌，将面粉搅拌成絮状后开始揉面团，直到揉合成一个光滑的面团，做到手光、面光、盆光。将揉好的面团留在面盆里，盖上盖子，或者用保鲜膜盖上。等面团饧发 10 分钟左右，再次揉至光滑，做到三揉三饧。这样揉好的面团制作的饺子皮筋道，煮饺子时也不容易破皮，如图 4-3 所示。

（a）　　　　　（b）

图 4-3　和面

107

步骤 2　备馅儿。把鸡蛋打到碗里，打散鸡蛋液，加入食盐，灶具开火，将食用油倒入炒锅，油温热之后倒入鸡蛋，炒熟切碎盛到盘中晾凉备用。把洗干净的韭菜沥水 10 分钟，切成小丁，加入食用油和香油搅拌均匀，锁住水分。把晾凉的鸡蛋碎、韭菜放进大碗里，加入盐、鸡精，搅拌均匀，如图 4-4 所示。

（a）　　　　　　　　（b）

图 4-4　备馅儿

步骤 3　擀皮。在面板上均匀地撒一些干面粉，把饧好的面团放在面板上，搓成细长条，再切成大小相同的面剂子。在面剂子上撒上面粉，用手掌压平。左手拇指和食指捏住面剂子，向左转动，右手按住擀面杖，前后滚动。将面剂子擀成中间略厚、四周略薄的圆片，擀到合适的大小即可，如图 4-5 所示。

（a）　　　　　　　　（b）

图 4-5　擀皮

步骤 4　包饺子。用筷子或勺子将适量的饺子馅儿放到饺子皮中间，将饺子皮边缘对折捏起来，这样一个皮薄馅儿大的饺子就完成了，如图 4-6 所示。

（a）　　　　　　　　（b）

图 4-6　包饺子

步骤 5

煮饺子。取一个汤锅,放入大约饺子量五倍的水。水可以多一些,水太少饺子不容易煮熟,而且容易煮破。在水中加少许盐,大火烧开,拿起饺子慢慢放进锅里,以免水溅出来烫手。注意一次不要放太多饺子,否则容易黏连在一起。饺子入锅后,用笊篱深入锅底,沿一个方向轻轻搅动饺子,防止饺子黏在锅底。水沸腾后,看到饺子有轻微上浮的迹象,再次用笊篱深入锅底,轻轻搅动,让饺子浮起来。加一点凉水进去,盖上锅盖,继续煮至水沸腾,等饺子都浮在水面上,就可以盛出装盘,如图 4-7 所示。

图 4-7　盛出装盘

思政导学

包饺子非常考验一个人的耐心和专注力,每一个细节都不能疏忽。如果不够细致、耐心,会影响饺子的整体口感。通过自己动手制作饺子,和家人共同分享,体验中华优秀传统美食的魅力,感受中国人的饮食智慧。

劳动反思

(1)在包饺子的劳动过程中,你体验到了哪些乐趣?

(2)你对自己的劳动成果感到:□很满意 □比较满意 □不满意 □很不满意。

(3)在此次包饺子过程中,还有哪些方面可以进一步优化?

任务评价

序号	任务实施成果	评价标准	是/否
1	饺子制作	熟练掌握和面、备馅儿、擀皮、包饺子、煮饺子的技巧。饺子熟而不破，味道鲜美	
2	规范操作	制作过程中按流程操作，收拾台面，保持卫生	
3	劳动收获	独立完成饺子的制作，体会到包饺子的快乐，和家人一起分享快乐	

任务检测

一、单项选择题

1.除夕夜，全家人团聚在一起制作的传统美食是（　　）。

A.饺子　　　　　　B.月饼　　　　　　C.粽子　　　　　　D.包子

2.和面将面团揉好后，需要饧发（　　）分钟，再次揉至光滑。

A.30　　　　　　　B.10　　　　　　　C.60　　　　　　　D.90

3.把洗干净的韭菜沥水切成小丁，为了（　　），加入食用油和香油搅拌均匀。

A.颜色好看　　　　B.味道好　　　　　C.锁住水份　　　　D.容易熟

4.日常生活劳动中蕴含着（　　），不仅是实用技术的传承，也是家庭和社会文化的延续。

A.劳动成果　　　　　　　　　　　　B.劳动技术

C.理论知识　　　　　　　　　　　　D.丰富的文化和传统智慧

5.参与日常生活劳动有助于培养个体的责任感和独立生活能力，从而成为有（　　）的社会成员。

A.责任心　　　　　B.热心　　　　　　C.上进心　　　　　D.爱心

6.（　　）对个人及家庭的正常生活起着至关重要的作用。

A.校园劳动　　　　B.实践劳动　　　　C.社会劳动　　　　D.日常生活劳动

二、多项选择题

1. 日常生活劳动的价值意义有（　　　）。
   A. 维持基本生活　　　　　　　　B. 传承文化与价值观
   C. 培养责任感和独立性　　　　　D. 提升劳动教育价值

2. 和面时，所有的面粉都揉合成一个光滑的面团，做到（　　　）。
   A. 手光　　　　B. 面光　　　　C. 盆光　　　　D. 碗光

3. 将面剂子擀成（　　　）的圆片，擀到合适的大小。
   A. 中间略厚　　B. 边上略薄　　C. 一样薄厚　　D. 较厚一点

4. 日常生活劳动不仅是满足（　　　）基本生活需求的基础，还能带来精神上的愉悦，提高生活质量。
   A. 个人　　　　B. 校园　　　　C. 家庭　　　　D. 社会

三、判断题

1. 日常生活劳动是指人们在日常生活中进行的、维持基本生活条件，和家庭运转直接相关的各种活动。（　　　）

2. 二十四节气中的"冬至"有吃饺子的习俗。（　　　）

3. 日常生活劳动对培养学生热爱劳动、尊重劳动成果的意识没有影响。（　　　）

4. 日常生活劳动可以培养新时代中职学生珍惜生活、知行合一的良好行为习惯。（　　　）

5. 饺子煮熟的标准是饺子熟而不破，在水中加入盐可防止饺子黏连，浮起不黏在锅底。（　　　）

任务拓展

饺子形状各式各样，饺子馅儿种类很多，请你根据家人的口味，尝试包出寓意丰富的饺子，和家人一起品尝，并交流感受。

任务二　家务劳动

任务导入

古人云："一屋不扫，何以扫天下。"周末回家和家人团聚，主动参与家务劳动，整理床铺、书桌，洗衣收纳，扫地、拖地，给家人营造一个干净、整洁、温馨的生活环境，享受劳动带来的乐趣。

家务活里的哲学意味

物资准备

工具准备

扫帚、簸箕、拖把、抹布、水桶、垃圾桶、干湿毛巾、收纳袋、宽胶带、手套。

材料准备

洗衣液、消毒水。

知识准备

一、家务劳动的概念

家务劳动是指在家庭环境中进行的一系列日常维护和管理活动，保持家庭环境的清洁、整洁和运作顺畅，包括房间清洁打扫、衣物清洗收纳、一日三餐准备、家庭维修、照顾家人等内容。家务劳动不仅关乎家庭环境的维护，也是家庭成员之间情感交流和责任分担的一部分。合理的家务分配和协作可以增强家庭成员之间的关系，提高生活质量。

二、家务劳动的价值

家是全家人的，家务也是全家人的。家务劳动不仅代表家庭成员间的分工与合作，还传递着家人间的亲情与关怀。家务劳动是一项需要自主思考和行动才能完成的任务，也是锻炼学生创新精神的有效途径。通过分担家务劳动，承担属于自己的家庭责任，感受自己是家庭中的一员，进而体会到家人之间相互需要、相互支持的温暖与爱意。

任务链接

家务劳动的意义如图4-8所示。

培养责任感
参与家务劳动，从小培养责任感，减少对家长的依赖。

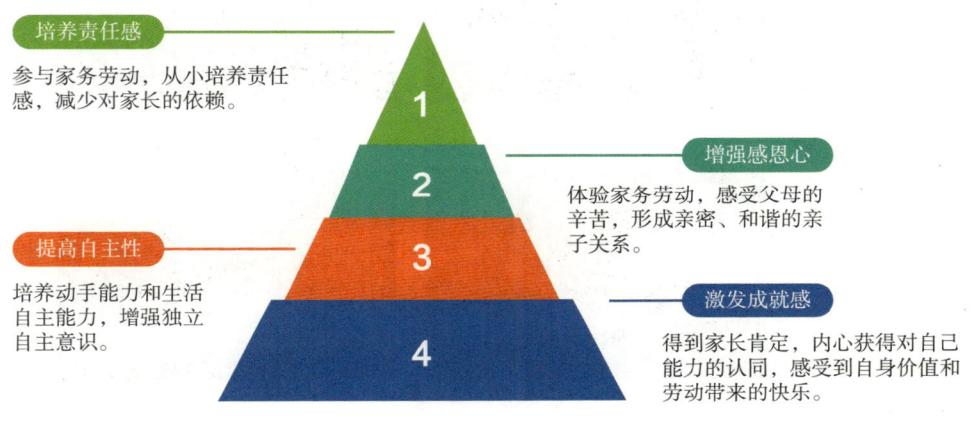

增强感恩心
体验家务劳动，感受父母的辛苦，形成亲密、和谐的亲子关系。

提高自主性
培养动手能力和生活自主能力，增强独立自主意识。

激发成就感
得到家长肯定，内心获得对自己能力的认同，感受到自身价值和劳动带来的快乐。

图4-8 家务劳动的意义

任务筹划

筹划项目	筹划内容
家务劳动准备阶段	
家务劳动实施阶段	
劳动成果展示阶段	

劳动提示

（1）正确使用洗衣机。洗衣前，应先阅读洗衣机和洗衣液的使用说明，根据衣物选择合适的洗衣类型，并明确洗衣液与水的比例。

（2）拖地时，注意穿防滑、洁净的拖鞋，避免因地面光滑而意外摔伤。

113

任务实施

步骤 1

整理床铺、书桌。把散落在床上的衣服整理好，放在固定的地方；整理好床单、枕头，保证床的平整度和整齐度；把散落在书桌上的图书、杂物整理好并归类，放在固定的地方，如图4-9所示。

(a) (b)

(c) (d)

图4-9 整理床铺、书桌

步骤 2

洗衣物、收纳衣物。收拾出全家人的脏衣物，按衣服颜色、材质、种类分类清洗。浅色衣物和深色衣物分开洗，毛绒多的衣物和容易起球的衣物分开洗，贴身衣物单独洗。衣物最多只能占洗衣机滚筒体积的三分之二。将洗干净的衣物叠好后，按照类别在衣柜中分区摆放，分类归纳，使衣柜更整齐，便于拿取衣物，如图4-10所示。

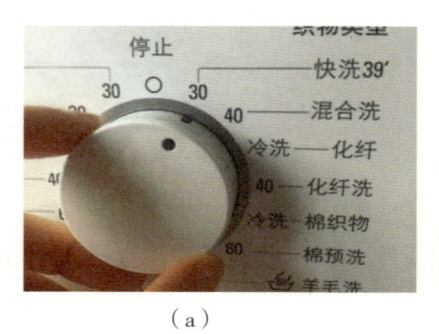

(a) (b)

图4-10 洗衣物、收纳衣物

项目四　参加生活劳动，培养劳动能力

步骤3　扫地、拖地。扫地时开窗通风，如果卧室内积尘较多，打扫时可以戴上口罩。对于墙角、缝隙等位置的灰尘，可以使用吸尘器。拖地时打开窗户，增加空气流动速度，加速地面水渍蒸发。在清洁木地板时，把毛巾拧半干进行擦拭，瓷砖地面选用拖把或湿毛巾清洁。可以将宽胶带粘在扫把上，粘一半留一半。扫地时头发、小碎渣、动物的毛发都可以粘在宽胶带上，扫完直接撕下来扔掉即可。

思政导学

通过开展家务劳动，培育家庭主人翁意识，学会日常生活劳动的方法，提升劳动能力，增强做事的条理性和逻辑性，明白任何劳动成果都来之不易的道理，从而增进对父母的感恩之心，增强家庭责任感。

劳动反思

（1）在家务劳动的过程中，你体验到哪些乐趣？

（2）你对自己的劳动成果感到：□很满意 □比较满意 □不满意 □很不满意。

（3）在此次家务劳动过程中，还有哪些方面可以进一步优化？

任务评价

序号	任务实施成果	评价标准	是/否
1	家务劳动成果	能较为熟练地掌握各类工具及家用电器的选择和使用；家居环境整洁，物品归位，分类分区摆放	
2	节能环保	在家务劳动过程中，要注意节约用水、用电	
3	高效安全	统筹时间，注意劳动安全	

任务检测

一、单项选择题

1.下列不属于合格的家务劳动成果的是（　　）。
A.卧室四壁无灰尘、蜘蛛网　　　　B.地面无杂物、纸屑、果皮
C.床单、被套、枕套表面无污迹和破损　D.地面堆满杂物、纸屑、果皮

2.家务劳动是一项需要（　　）和行动才能完成的任务。
A.自主思考　　B.天赋　　C.爱好　　D.需要

3.家务劳动是指在（　　）中进行的一系列日常维护和管理活动。
A.校园环境　　B.社会环境　　C.经济环境　　D.家庭环境

4.扫地时注意开窗通风，如果卧室内积尘较多，打扫时可以（　　）。
A.戴上口罩　　B.带上手套　　C.带上围巾　　D.什么也不带

5.拖地的完成标准是（　　）。
A.地面光亮无尘、无积水、无杂物
B.地面光亮无尘、有积水杂物
C.地面很脏、有积水杂物
D.地面很脏、无杂物

二、多项选择题

1.下列属于家务劳动的是（　　）。
A.整理床铺　　B.衣物收纳　　C.扫地　　D.拖地

2.洗衣时，要按衣服的（　　）分类清洗。
A.大小　　B.颜色　　C.材质　　D.种类

3.扫地时，需要注意（　　）。
A.开窗通风
B.如果卧室内积尘较多，打扫时可以戴上口罩
C.对于墙角、缝隙等位置的灰尘，可以使用吸尘器
D.随便扫扫就行

4.家务劳动包括(　　)、照顾家人等内容。
A.房间清洁打扫　　B.衣物清洗收纳　　C.一日三餐准备　　D.家庭维修

三、判断题

1.整理书桌时，可将书桌上的物品全部塞到抽屉里，以保持桌面整洁。(　　)
2.整理床铺时，需要做到整洁舒适，床单、被套、枕套无污迹和破损。(　　)
3.合理的家务分配和协作可以增强家庭成员之间的关系，提高生活质量。(　　)
4.家务劳动仅仅是家庭环境的维护，和家庭成员之间情感交流无联系。(　　)
5.家务劳动是一项需要自主思考和行动才能完成的任务，也是锻炼新时代中职学生创新精神、创造性能力的有效途径。(　　)

任务拓展

随着科技的发展，越来越多的智能家居用品走进千家万户，请你根据自己所学的知识，为家人配置智能家居用品，并指导家庭成员掌握其正确使用方法。

任务三　校园劳动

任务导入

开展一次校园绿化活动，为全体师生营造良好的学习、生活环境，培养校园主人翁意识。

物资准备

工具准备

劳动手套、护目镜、安全帽、反光衣、长柄绿篱剪、短柄修枝剪、铲子、梯子、安全警示标牌、扫帚、簸箕。

知识准备

一、校园劳动的概念

校园劳动是在学校范围内组织和实施的，以培养学生劳动观念、提高实践能力、养成良好劳动习惯为目的的各种体力或脑力劳动，如图4-11所示。

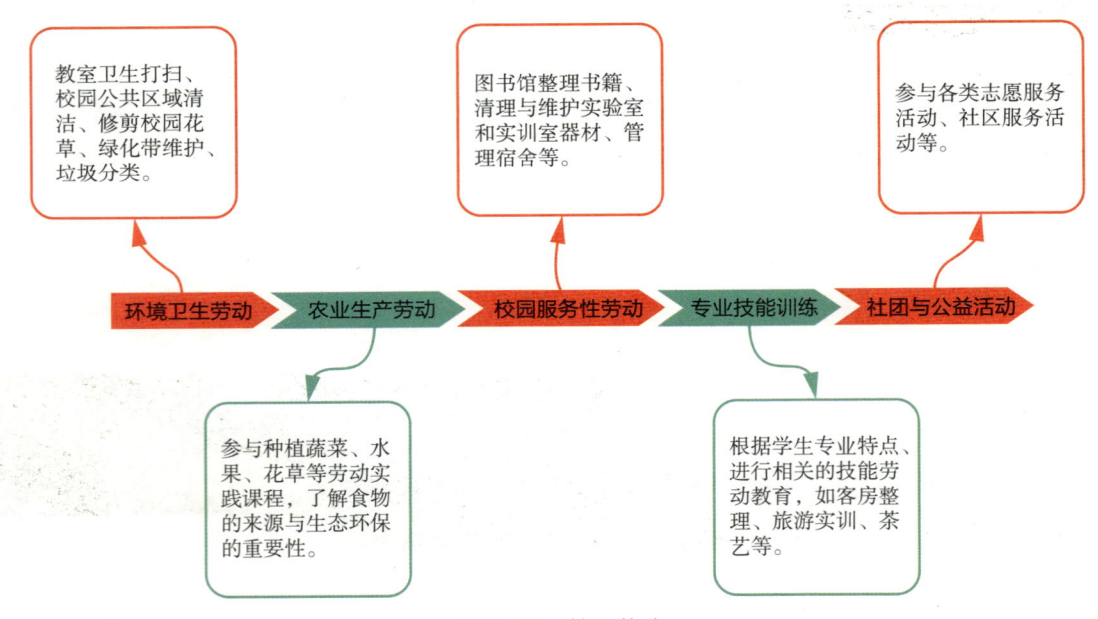

环境卫生劳动：教室卫生打扫、校园公共区域清洁、修剪校园花草、绿化带维护、垃圾分类。

农业生产劳动：参与种植蔬菜、水果、花草等劳动实践课程，了解食物的来源与生态环保的重要性。

校园服务性劳动：图书馆整理书籍、清理与维护实验室和实训室器材、管理宿舍等。

专业技能训练：根据学生专业特点，进行相关的技能劳动教育，如客房整理、旅游实训、茶艺等。

社团与公益活动：参与各类志愿服务活动、社区服务活动等。

图4-11 校园劳动

校园劳动让学生在亲身实践中，体会劳动的价值和乐趣，培养团队协作精神、责任感和吃苦耐劳的品质，同时通过劳动教育促进德智体美劳全面发展，树立尊重劳动、崇尚劳动的社会风尚。

二、校园劳动的价值意义

（1）培养劳动习惯与技能。通过参与校园劳动，学生可以亲身体验劳动的艰辛与快乐，从而培养良好的劳动习惯和基本的劳动技能，如打扫卫生、维护绿化带、整理图书等。

（2）增强环保意识。校园劳动包括对环境的保护和美化，有助于增强学生的环保意识，使其懂得珍惜资源、爱护环境，形成绿色可持续的生活方式。

（3）传承中华优秀传统文化。我国历来崇尚勤劳节俭的美德，校园劳动教育是对这一传统文化的传承和发扬，有助于培养学生良好的道德品质和社会责任感。

校园劳动不仅是对学生进行素质教育的重要手段，也对学生的身心健康、人格完善和社会适应能力的提升，有着积极的推动作用。

任务链接

校园绿化环境维护主要由绿化带修剪、绿化带杂物清理、绿化带浇水等内容组成。校园绿化环境维护有助于创造优美舒适的学习环境。

校园里的劳动美

劳动故事

纤枝细叶谁裁出　十年养护"金剪刀"

于长青生长在大山里，对山上的花草有着超出同龄人的喜欢。到了初中，一门课让于长青对植物的喜爱更进了一步。2009 年，填报高考志愿，3 个批次 6 个志愿，于长青全部填报了农林类学校的园林专业。2012 年工作至今，从北京南海子郊野公园，到北京二环沿线的碧桃养护，再到第十届中国花卉博览会上领衔团队打造的独特展区，于长青修剪花卉草木的剪刀，在日夜磨砺中，镀上了一层金色。在于长青看来，园艺不仅是一门技术，更是一种生命对另一种生命的关照。2021 年，于长青作为代表北京市的 6 位选手之一，参加全国行业职业技能竞赛，夺得职业技能组综合成绩第一名，获全国"金剪子"称号，晋级园艺国手。回顾职业生涯，他总忘不了有位老匠人告诉他的修剪诀窍："没事你就在树上趴着看树，看烦了，就下来在树下看，把自己当成一棵树。"

（资料来源：纤枝细叶谁裁出 十年养护"金剪刀"，工人日报，2022-05-23，有改动）

任务筹划

筹划项目	筹划内容
工具选择准备阶段	
具体操作阶段	
劳动成果展示阶段	

劳动提示

劳动时，要带好手套，注意带刺的植物，小心绿化带内有玻璃碎片。

任务实施

步骤 1

绿化带杂物清理，如图 4-12 所示。

（1）每天上午、下午各清扫一次，捡拾垃圾杂物。做到不见积水、不见积土、不见杂物、不乱倒垃圾。

（2）用扫帚仔细清扫草地和绿化带内的果皮、纸屑、石块等垃圾、杂物。做到路面净、人行道净、雨水沟井净、树坑墙根净。

（3）纸屑、果皮、小石子等扫不起来的小杂物，用夹子捡入垃圾桶内。

（4）戴好手套，劳动时注意带刺的植物，小心绿化带内有玻璃碎片。

（a） （b）

图 4-12 绿化带杂物清理

项目四　参加生活劳动，培养劳动能力

步骤 2

绿化带浇水，如图 4-13 所示。

（1）根据干湿度进行浇水。必须浇透根系层，不能有积水，以免造成苗木萎缩、烂根。水流不能过急，浇水要均匀、无遗漏。

（2）选择合适的时间浇水，避免植株生长受到影响。夏季中午土壤温度高，水土温差大，此时浇水会导致土壤温度骤降，植物根系受到刺激，无法正常吸收水分，因此夏季应该在早、晚浇水。

（a）　　　　　　　　　　　（b）

图 4-13　绿化带浇水

步骤 3

校园绿化维护完成，如图 4-14 所示。

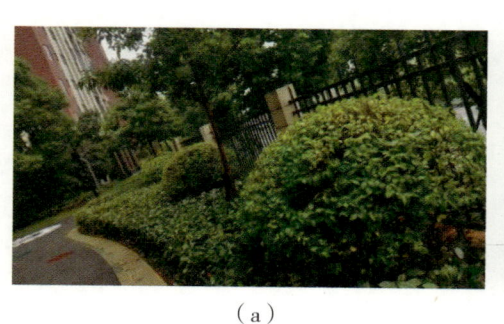

（a）　　　　　　　　　　　（b）

图 4-14　校园绿化维护完成

思政导学

校园绿化环境的维护与师生的日常生活息息相关，也是落实劳动教育的重要一环。学生通过参与校园绿化环境劳动，不仅能为全体师生创造良好的学习、生活环境，增强校园主人翁意识，也能在劳动的过程中学会劳动技能，培养精益求精的工匠精神、团结协作的团队精神等，对自身的成长具有重要意义。

劳动反思

（1）在校园劳动的过程中，你体验到哪些乐趣？

（2）你对自己的劳动成果感到：□很满意 □比较满意 □不满意 □很不满意。

（3）此次校园劳动过程中，还有哪些方面可以进一步优化？

任务评价

序号	任务实施成果	评价标准	是/否
1	校园绿化环境劳动成果	校园整洁清爽，造型美观，杂草清除彻底，未误剪花草健康主干枝条	
2	分工协作	分工明确，主动与他人合作交流	
3	劳动过程安全规范	较为熟练地掌握工具的使用方法，劳动过程中注意安全	

任务检测

一、单项选择题

1. 下列属于校园劳动有（　　）。

A. 教室卫生打扫　　B. 家务劳动　　C. 社区公益服务　　D. 洗衣收纳

2. 下列（　　）不属于校园绿化环境维护活动。

A. 绿化带修剪　　　　　　　　　B. 绿化带杂物清理

C. 绿化带浇水　　　　　　　　　D. 打扫实训室

3. 下列属于校园劳动价值意义的是（　　）。

A. 维持家庭基本生活

B. 培养劳动习惯与技能

C. 增强家庭成员关系

D. 承担家务的责任感

4.校园劳动包括对环境的保护和美化,有助于提升新时代中职学生的(　　),形成绿色可持续的生活方式。

A.家庭责任心　　　B.上进心　　　C.环保意识　　　D.家务劳动能力

5.校园劳动让学生在亲身实践中,体会劳动的价值和乐趣,培养团队协作精神、责任感和吃苦耐劳品质,同时通过劳动教育促进(　　)全面发展。

A.德智美　　　B.德智体　　　C.体美劳　　　D.德智体美劳

6.绿化带浇水时要选择合适的时间,避免植株生长受到影响。夏季应该在(　　)时间浇水。

A.早、晚　　　B.中午　　　C.半夜　　　D.凌晨

二、多项选择题

1.中国四大名园有(　　)。

A.北京颐和园　　　　　　　　B.苏州拙政园

C.承德避暑山庄　　　　　　　D.苏州留园

2.清理绿化带杂物时,需要(　　)。

A.戴好手套

B.注意带刺的植物

C.小心绿化带内有玻璃碎片

D.戴好安全帽

3.校园环境卫生劳动包括(　　)。

A.教室卫生打扫　　　　　　　B.公共区域清洁

C.修剪校园花草　　　　　　　D.绿化带维护

4.绿化带浇水时需要注意(　　)。

A.浇水要均匀,无遗漏

B.根据干湿度进行浇水

C.必须浇透根系层,不能有积水,以免造成苗木萎缩烂根

D.水流不能过急,绿化带造型无损毁

三、判断题

1.通过参与校园劳动,学生可以亲身体验到劳动的艰辛与快乐。　　　　　　　(　　)

2.清理杂草时，只将杂草的地上部分去除即可。（　　）

3.绿化带杂物清理的"六不"标准是不见积水、不见积土、不见杂物、不漏收堆、不乱倒垃圾、不见人畜粪便。（　　）

4.我国历来崇尚勤劳节俭的美德，校园劳动教育是对这一传统文化的传承和发扬，有助于培养学生良好的道德品质和社会责任感。（　　）

5.通过参与校园劳动，不能培养新时代中职学生良好的劳动习惯和基本的劳动技能。（　　）

任务拓展

以班级为单位，在校园里主动认领一块区域，定期维护树木，保持花草环境整洁，为生态文明校园贡献力量。

任务四　垃圾分类

任务导入

在校园里开展一次垃圾分类专项活动，引导全体师生形成垃圾分类和环保的意识，养成珍惜资源、节约能源的生活习惯。

物资准备

工具准备

胶皮手套、口罩、垃圾袋、垃圾桶、蛇皮袋、包扎绳。

材料准备

废旧包装纸箱、饮料瓶、废弃衣物、玻璃制品、报废灯具、废旧书报等。

知识准备

一、垃圾分类的概念

垃圾分类是按照成分、性质、利用价值及对环境的影响,将生活垃圾进行不同类别的划分,根据不同种类垃圾的处理方式和回收再利用途径,分别收集、运输和处置的过程。

二、垃圾分类标准

2019年11月15日,中华人民共和国住房和城乡建设部发布了新版《生活垃圾分类标志》标准,并于同年12月1日起正式实施。与2008版标准相比,新标准将生活垃圾类别调整为可回收物、有害垃圾、厨余垃圾和其他垃圾四大类,其对应标志如图4-15所示。

垃圾分类篇

图4-15 生活垃圾分类标志

三、垃圾分类原则

垃圾分类原则如图4-16所示。

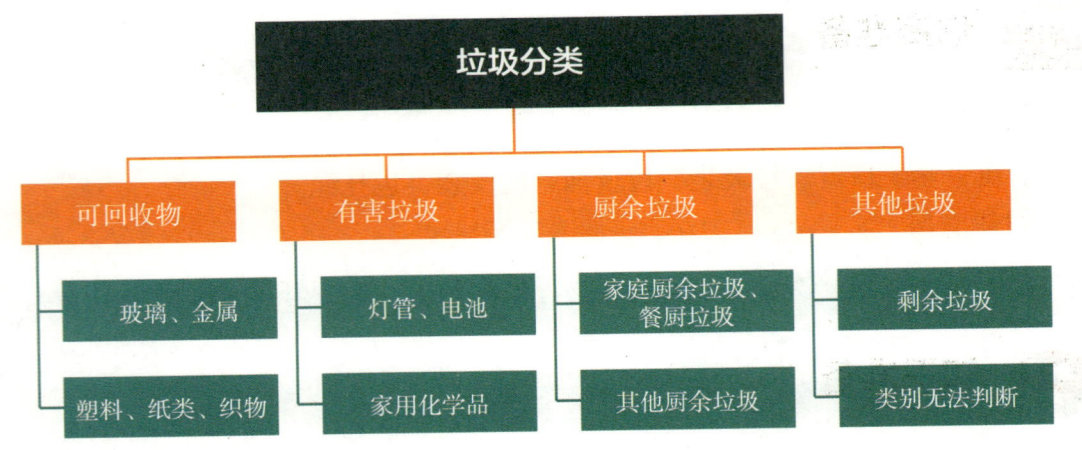

```
                    ┌─────────────┐
                    │  垃圾分类    │
                    └──────┬──────┘
        ┌──────────┬───────┴───────┬──────────┐
    ┌───┴───┐  ┌───┴───┐       ┌───┴───┐  ┌───┴───┐
    │可回收物│  │有害垃圾│       │厨余垃圾│  │其他垃圾│
    └───┬───┘  └───┬───┘       └───┬───┘  └───┬───┘
        │          │               │          │
   ┌────┴────┐ ┌───┴────┐   ┌──────┴─────┐ ┌──┴─────┐
   │玻璃、金属│ │灯管、电池│   │家庭厨余垃圾、│ │剩余垃圾 │
   │         │ │        │   │餐厨垃圾     │ │        │
   └────┬────┘ └───┬────┘   └──────┬─────┘ └──┬─────┘
        │          │               │          │
   ┌────┴────────┐ ┌┴─────────┐ ┌──┴────────┐ ┌┴─────────┐
   │塑料、纸类、织物│ │家用化学品 │ │其他厨余垃圾│ │类别无法判断│
   └─────────────┘ └──────────┘ └───────────┘ └──────────┘
```

4-16 垃圾分类原则

（一）可回收物

可回收物是指适合回收，可循环利用的生活废弃物。常见的可回收物如图4-17所示。

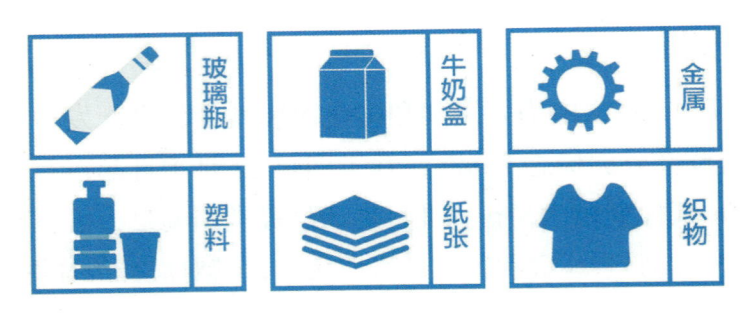

图4-17 可回收物

可回收物投放要求：

（1）尽量保持清洁干燥，避免污染。

（2）立体包装物应清空内容物，清洁后压扁投放。

（3）易破损或有尖锐边角的废弃物，应包裹后投放。

（二）有害垃圾

有害垃圾是指生活垃圾中会对人体健康或自然环境造成危害的物质，需要单独收集、运输、存储，并由环保部门认可的专业机构进行特殊安全处理。常见的有害垃圾如图4-18所示。

图 4-18　有害垃圾

有害垃圾的投放要求：

（1）投放时注意轻放。

（2）易破碎的物品及废弃药品，应连带包装或包裹投放。

（3）压力罐装容器，应排空内容物后投放。

（三）厨余垃圾

厨余垃圾是指食材废料、剩菜剩饭、过期食品、瓜皮果核、花卉绿植、中药药渣等易腐的生活废弃物。常见的厨余垃圾如图 4-19 所示。

图 4-19　厨余垃圾

厨余垃圾的投放要求：

（1）厨余垃圾应从产生时就与其他几类垃圾分开收集。

（2）投放前尽量沥干水分，有外包装的应去除外包装投放。

（四）其他垃圾

其他垃圾是指除可回收物、有害垃圾、厨余垃圾外的其他生活垃圾。常见的其他垃圾如图 4-20 所示。

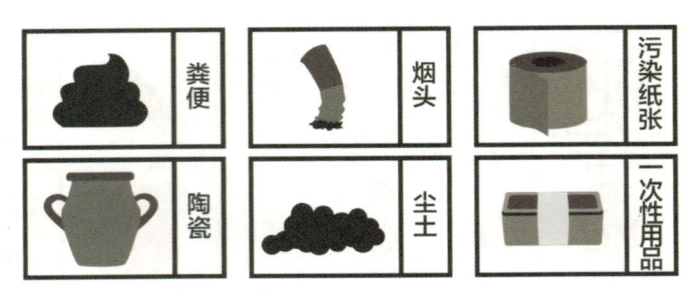

图 4-20　其他垃圾

其他垃圾的投放要求：投入其他垃圾收集容器中，并保持周边环境整洁。

四、垃圾分类的意义

垃圾分类的意义如图 4-21 所示。

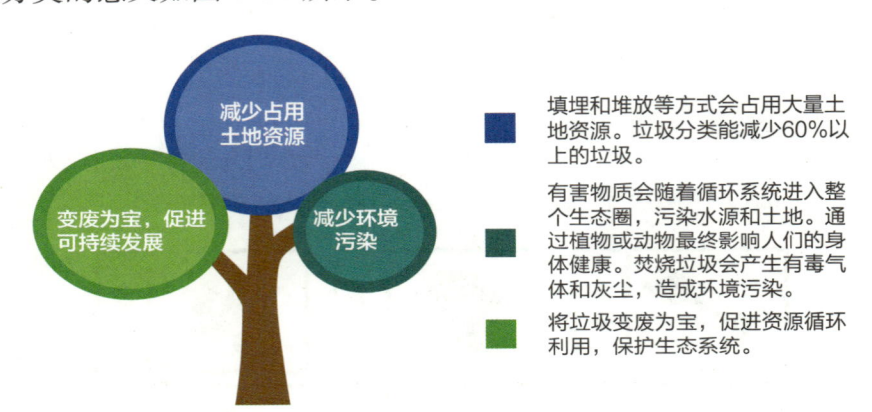

图 4-21　垃圾分类的意义

减少占用土地资源：填埋和堆放等方式会占用大量土地资源。垃圾分类能减少60%以上的垃圾。

减少环境污染：有害物质会随着循环系统进入整个生态圈，污染水源和土地。通过植物或动物最终影响人们的身体健康。焚烧垃圾会产生有毒气体和灰尘，造成环境污染。

变废为宝，促进可持续发展：将垃圾变废为宝，促进资源循环利用，保护生态系统。

垃圾分类是对垃圾收集处置传统方式的改革，是处理垃圾公害的最佳解决方法和最佳途径，能够让人们学会节约资源、利用资源，养成良好的生活习惯，提高个人的素质素养。

做"新时尚"的践行者

任务链接

生活中除了四类常见的垃圾，还有以下两类垃圾：

（1）大件垃圾。常见的大件垃圾有沙发、床垫、床、桌子等，可预约回收经营者或大件垃圾收集运输单位上门回收，或者投放至管理责任人指定的场所。

大型电器、电子产品也属于大件垃圾，如空调、电冰箱、洗衣机、电视机等，处理此类垃圾时可联系规范的电子废弃物回收企业预约回收。需要注意的是：小型电器、电子产品（电脑、手机、电饭煲等）可按照可回收物的投放要求进行投放。

（2）装修垃圾。常见的装修垃圾有碎马桶、碎石块、碎砖块、废砂浆及废料等。装修垃圾和生活垃圾应分别收集，并将装修垃圾装袋后再投放到指定的场所。

任务筹划

筹划项目	筹划内容
垃圾分类使用工具准备	
垃圾分类具体操作流程	
垃圾分类劳动成果展示	

劳动提示

垃圾分类时须戴好手套，避免碰伤；穿旧衣服；工作结束后洗手，消毒、换洗衣服。

任务实施

步骤1　学生准备好垃圾袋、垃圾桶、手套等工具，分组、分区在校园内捡拾垃圾。在收集垃圾时，需要注意不要将不同类型的垃圾混合在一起，如图4-22所示。

（a）　　　　　　　（b）

图4-22　收集垃圾

步骤 2

按照垃圾分类标准，将垃圾按照可回收物、有害垃圾、厨余垃圾和其他垃圾进行分类，提高垃圾处理效率，减少环境污染，如图 4-23 所示。

(a)　　　　　　　　　(b)

图 4-23　垃圾分类

步骤 3

垃圾投放。将分类好的垃圾用蛇皮袋、包扎绳捆扎好，在学校指定区域进行投放。对于大型垃圾或特殊垃圾，需要用特殊的处理方式；对于可回收物，可以通过废品回收站进行回收；对于有害垃圾，需要专门的处理设施进行安全处理，如图 4-24 所示。

(a)　　　　　　　　　(b)

图 4-24　垃圾投放

步骤 4

收集完垃圾后，清理现场，确保环境干净整洁。

项目四　参加生活劳动，培养劳动能力

思政导学

垃圾分类是改善人居环境、保护生态系统的重要举措。通过自己动手进行垃圾分类，既可以锻炼不怕脏、不怕累的精神品质，养成珍惜资源、节约能源的生活习惯，又可以推动垃圾分类成为低碳生活新时尚。

劳动反思

（1）在垃圾分类的过程中，你体验到哪些乐趣？

（2）你对自己的劳动成果感到：□很满意　□比较满意　□不满意　□很不满意

（3）此次垃圾分类过程中，你认为还有哪些方面可以进一步优化？

任务评价

序号	任务实施成果	评价标准	是/否
1	垃圾分类劳动成果	根据垃圾分类标准，合理制订计划，顺利完成垃圾分类	
2	校园环境治理	明显改善校园环境，有效进行垃圾分类	
3	公益活动的社会价值	发动身边同学自愿参与公益活动，改善人居环境，保护生态系统，幸福感增强	

任务检测

一、单项选择题

1.（　　）年11月15日，中华人民共和国住房和城乡建设部发布了新版《生活垃圾分类标志》标准。

A.2018　　　　B.2019　　　　C.2020　　　　D.2021

2.垃圾分类能减少（　　）以上的垃圾。

A.60%　　　　B.50%　　　　C.40%　　　　D.30%

131

3.新版《生活垃圾分类标志》将生活垃圾类别调整为（　　）大类。
A.三　　　　　　B.二　　　　　　C.四　　　　　　D.五

4.下列属于有害垃圾的是（　　）。
A.玻璃　　　　　B.塑料　　　　　C.旧书　　　　　D.电池

5.下列属于可回收物的是（　　）。
A.玻璃　　　　　B.过期药　　　　C.节能灯　　　　D.电池

6.下列属于厨余垃圾的是（　　）。
A.沙发　　　　　B.床垫　　　　　C.床　　　　　　D.中药药渣

二、多项选择题

1.垃圾分类是（　　），保障可持续发展的重要举措，是（　　）的大事。
A.改善人居环境
B.促进精细化管理
C.保护生态系统
D.关乎生态文明建设全局

2.如果我们能够做好垃圾分类，就能减少垃圾的（　　），从而减少（　　）。
A.填埋　　　　　B.焚烧　　　　　C.环境污染　　　D.热量

3.分类焚烧可起到（　　）的作用。
A.减量　　　　　B.减排　　　　　C.提质　　　　　D.提效

4.新版《生活垃圾分类标志》将生活垃圾类别调整为哪几类？（　　）
A.可回收物　　　B.有害垃圾　　　C.厨余垃圾　　　D.其他垃圾

三、判断题

1.垃圾分类是对垃圾收集处置传统方式的改革，是对垃圾进行有效处置的一种科学管理方法。（　　）

2.可回收物投放时尽量保持清洁干燥，避免污染。（　　）

3.垃圾分类不能让大家养成节约资源、利用资源的生活习惯。（　　）

4.分类焚烧能起到减排、提质的作用。（　　）

5.垃圾分类不能将垃圾变废为宝，不能促进资源循环利用。（　　）

任务拓展

在校内或社区组织一次垃圾分类公益宣传活动。

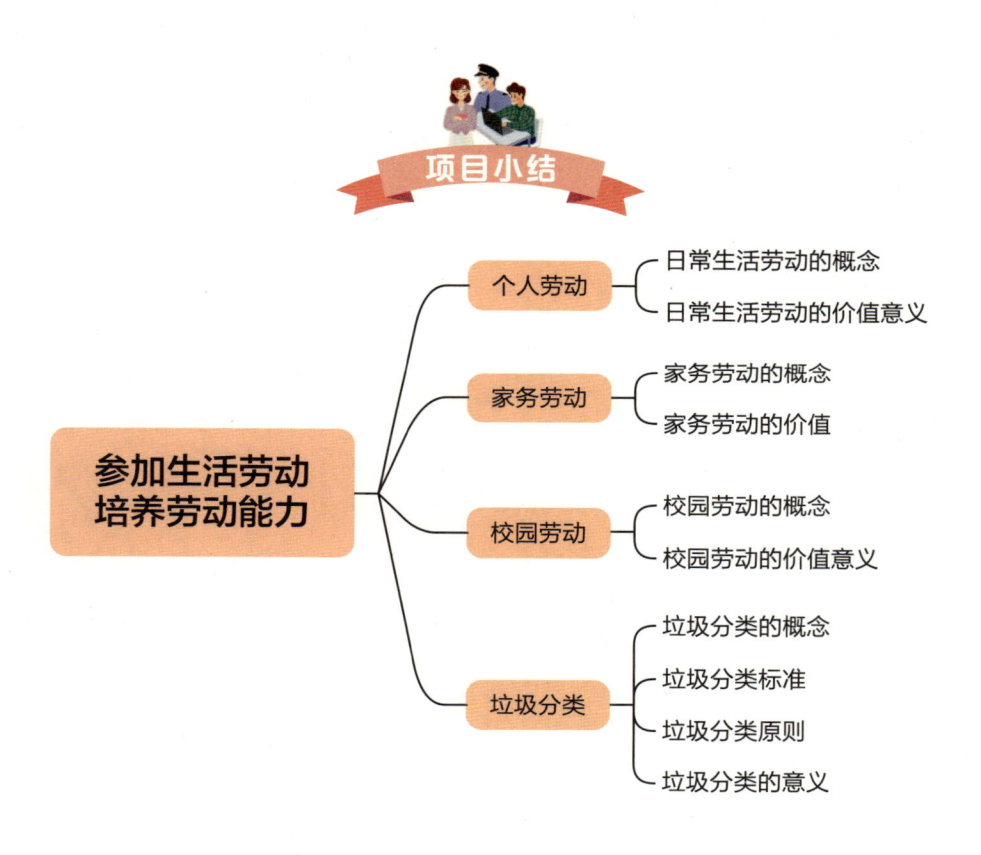

项目小结

- 参加生活劳动 培养劳动能力
  - 个人劳动
    - 日常生活劳动的概念
    - 日常生活劳动的价值意义
  - 家务劳动
    - 家务劳动的概念
    - 家务劳动的价值
  - 校园劳动
    - 校园劳动的概念
    - 校园劳动的价值意义
  - 垃圾分类
    - 垃圾分类的概念
    - 垃圾分类标准
    - 垃圾分类原则
    - 垃圾分类的意义

项目五 掌握劳动知识，夯实劳动基础

项目导读

通过了解劳动知识，初步掌握多项劳动技能，同时获得真实的劳动体验，形成良好的劳动习惯，具备满足生存发展的基本劳动能力。本项目主要通过正确穿戴劳动防护用品，模拟清洁、整理客房，模拟签订劳动合同，模拟调节劳动纠纷等四项任务，从而领悟劳动创造美好生活的真谛，形成崇尚劳动、热爱劳动、辛勤劳动、诚实劳动的劳动精神。

项目目标

◉ **政治认同**：坚持马克思主义劳动观，掌握劳动科学知识，增强学生对劳动创造美好生活的情感认同，自觉培育和践行社会主义核心价值观。

◉ **职业精神**：树立和践行劳动最光荣、劳动最崇高、劳动最伟大和劳动最美丽的理念。培养学生实干兴邦、砥砺奋进的精神。

◉ **法治意识**：掌握与劳动有关的法律法规，掌握安全劳动的规范性，提升劳动品质，提高安全生产服务能力。

◉ **健全人格**：培养学生养成勤俭节约、吃苦耐劳的品质，让学生自觉自愿、认真负责、安全规范、坚持不懈地参与劳动，在劳动中不懒散、不奢靡、不浪费，不怕苦、不怕脏、不怕累。

◉ **公共参与**：熟悉有关职业健康、安全劳动的基本知识，理解安全劳动的价值意义，在各种劳动中形成维护自我健康的意识和安全责任意识。

任务一 维护职业健康

任务导入

为了保护劳动者健康及其相关权益,作为健康第一责任人的劳动者,在作业过程中要严格按照岗位操作规程,正确使用用人单位所提供的各种防护设施、设备(如除尘装置、通风装置、净化装置、隔声装置等),穿戴好劳动防护用品。劳动防护用品很重要,请选择一种劳动防护用品并尝试正确穿戴。

物资准备

土木水利类专业防护服:救生衣、救生衣穿戴说明书。

知识准备

一、职业健康的含义

职业健康也称为职业卫生,其主要目的是预防和保护劳动者,以免其受职业性有害因素所致的健康影响和危险,使工作适应劳动者,促进和保障劳动者在职业活动中的身心健康。

二、职业健康的意义

职业健康不仅关乎我们能否在职业生涯中远离工伤和疾病,还影响着我们的生活质量、家庭幸福和个人的经济保障。

三、维护职业健康的措施

(1)进行安全知识教育,提高劳动者的安全意识和技术水平。
(2)加强个人防护,进入工作场所必须穿戴工作服、工鞋、安全帽等劳动防护用品，进入85分贝以上的噪声区域必须佩戴护耳用品。

（3）严格遵守操作规章及安全制度。

（4）极端天气条件下，注意防暑降温、保暖御寒。

（5）定期进行全面身体检查。

任务链接

一、防护服的种类

根据防护功能，防护服分为普通防护服、防水服、防寒服、防砸背服、防毒服、阻燃服、防静电服、防高温服、防电磁辐射服、耐酸碱服、防油服、水上救生衣、防昆虫服、防风沙服等十四类产品。

救生衣

二、佩戴防护用品的意义

个人防护装备是消除或减少危害的有效途径，是保护劳动者免受伤害的最后一道防线。

三、防护用品使用要求

（1）劳动者必须按要求佩戴个人防护用品。

（2）领到新的防护用品时，应先对照说明书确定是否适用（能提供正确的保护）并清楚其正确的使用方法。

（3）检查确定是否有破损及其他质量问题，如有问题应及时更换。

（4）使用前进行检查，确保其能提供有效的保护，否则应及时更换。

（5）在使用过程中如发现防护用品失效，应及时更换。

（6）个人防护用品应妥善保存。

劳动词典

劳动防护用品

劳动防护用品是指保护劳动者在生产过程中的人身安全与健康所必备的一种防御性装备，对于减少职业危害起着相当重要的作用。

项目五　掌握劳动知识，夯实劳动基础

劳动防护用品有防护服装、防护鞋帽、防护手套、防护面罩及眼镜、隔音器、呼吸防具、皮肤防护剂等。

任务筹划

筹划项目	筹划内容
准备阶段： 根据实际工作岗位，选择符合要求、合适的救生衣	
实施阶段： 掌握正确穿戴救生衣的步骤	
展示阶段： 穿戴正确的救生衣	

劳动提示

穿戴救生衣的过程中，最重要的一点就是要将带子打死结。

任务实施

步骤1

穿着救生衣前，先检查浮力袋、领口袋、腰带等是否有损坏，如图5-1所示。穿着时注意，要将配置了救生衣灯、反光膜的一面穿在外面，以发挥救生衣的求救作用。

图5-1　检查救生衣

步骤2

将救生衣套在脖子上，把带有口哨的长方形浮力袋放置胸前，双手拉紧前领缚带，系好颈带，如图5-2所示。

图5-2　穿戴救生衣

139

步骤 3 将缚带向下收紧，再向后交叉，如图 5-3 所示。

图 5-3　收紧交叉缚带

步骤 4 将缚带拉到身前，穿过扣带环扎紧，如图 5-4 所示。

图 5-4　扎紧缚带

步骤 5 穿好后要检查每一处是否系牢，如图 5-5 所示。

图 5-5　安全检查

项目五　掌握劳动知识，夯实劳动基础

思政导学

党的二十大报告中提出"推进健康中国建设，增进民生福祉，提高人民生活质量，把保障人民健康放在优先发展的战略位置，完善人民健康促进政策。促进优质医疗资源扩容和区域均衡布局，坚持预防为主，加强重大慢性疾病健康管理，提高基层防病治病和健康管理能力。"劳动者作为健康第一责任人，自身要形成维护自我健康的意识和安全责任意识，保障自身在职业活动中的身心健康。

劳动反思

（1）在穿戴救生衣时应该注意的问题有哪些？（至少说出三个注意事项）

（2）如果遇到救生衣不合适的情况，正确的做法是什么？

（3）请你谈谈，在生产过程中劳动者穿戴劳动防护用品的重要性。

任务评价

序号	任务实施成果	评价标准	是/否
1	准备阶段	检查浮力袋、领口带、腰带，有救生衣灯、反光膜的这面是否穿戴正确	
2	实施阶段	是否将救生衣套在脖子上，浮力袋放置胸前，拉紧前领缚带、缚好颈带	
3	展示阶段	是否正确穿戴救生衣	

任务检测

一、单项选择题

1.维护职业健康的主要目的是保护劳动者，以免其受职业性有害因素所致的健康影响和危险，使工作适应劳动者，促进和保障劳动者在职业活动中的(　　)。

A.待遇　　　　B.成长　　　　C.发展　　　　D.身心健康

2.维护职业健康，做好防护措施，首先要进行安全知识教育，提高员工的（　　）和技术水平。

A.防范意识　　　B.安全意识　　　C.福利待遇　　　D.知识水平

3.劳动防护用品，是指保护劳动者在生产过程中的人身安全与健康所必备的一种（　　）装备，对于减少职业危害起着相当重要的作用。

A.防护性　　　B.保护性　　　C.预防性　　　D.防御性

4.用人单位必须向劳动者提供岗位所需的各种防护设施、设备，如除尘装置、通风装置、（　　）、隔声装置等。

A.防毒装置　　　B.消声装置　　　C.净化装置　　　D.防噪装置

5.职业健康不仅关乎我们能否在职业生涯中远离工伤和疾病，还影响着我们的（　　）、家庭幸福，乃至个人的经济保障。

A.生活质量　　　B.生存状况　　　C.工作效率　　　D.职业生涯

6.作为健康第一责任人的劳动者，自身要形成维护自我健康的意识和（　　）意识，养成安全生产劳动的良好习惯。

A.安全责任　　　B.自我安全　　　C.自我保护　　　D.生存危机

二、多项选择题

1.穿戴救生衣前要确认救生衣的（　　）等是否有损坏。

A.浮力袋　　　B.领口带　　　C.腰带　　　D.反光膜

2.穿着救生衣时注意，要将配置了（　　）的一面穿在外面，以发挥救生衣的求救作用。

A.救生衣灯　　　B.反光灯　　　C.反光膜　　　D.闪光膜

3.进入工作场所必须穿戴（　　）等劳动防护用品。

A.工作服　　　B.防护服　　　C.安全帽　　　D.工鞋

4.劳动防护用品有防护鞋帽防护面罩及眼镜、呼吸防具、（　　）等。

A.防护服装　　　B.防护手套　　　C.隔音器　　　D.皮肤防护剂

三、判断题

1. 个人防护装备是消除或减少危害的最有效的途径，是保护劳动者免受伤害的最后一道防线。（   ）
2. 进入85分贝以上的噪声区域必须佩戴护耳用品。（   ）
3. 在穿戴救生衣时，一定要将缚带拉到身前，把缚带穿过扣带环扎紧。（   ）
4. 劳动者必须严格遵守操作规章及安全制度。（   ）
5. 劳动者是自我健康的第一责任人。（   ）

任务拓展

请根据本专业岗位要求，在作业过程中，严格按照岗位操作规程穿戴好劳动防护用品。

要求：请按步骤书写或者拍摄视频、照片进行劳动防护用品穿戴展示。

任务二　保障劳动安全

任务导入

安全生产是企业发展的重要保障，更是生产过程中的重中之重。请从岗位职责着手，在保障劳动安全的前提下，模拟清洁、整理客房，并制作一份劳动清单。

物资准备

吸尘器、清洁篮、洗刷用具（马桶刷、牙刷、百洁布、板刷）、抹布、防护手套、清洁剂、消毒液等。

知识准备

一、劳动安全的含义

劳动安全是劳动者享有的在职业劳动中人身获得保障、免受职业伤害的权利。

二、劳动安全的重要性

劳动安全是一种责任、一种使命，它意味着对自身生命的责任、对家庭的责任。因此，工作中我们要严格遵守各项规章制度，以"安全第一"的态度，实现"在岗一分钟，安全六十秒"。

（1）安全生产事关人民福祉和经济社会发展大局。

（2）安全生产必须强化风险意识、责任意识，决不能有丝毫松懈、半点马虎。

（3）要牢固树立安全发展理念，坚持人民至上、生命至上，坚持底线思维、极限思维，始终把安全生产放在首要位置，将安全生产要求贯穿到各项工作过程中。

任务链接

一、客房服务员劳动安全标准

（1）掌握吸尘器等清洁卫生工具的性能和使用方法，并按时维修保养设施设备，确保劳动安全。

（2）在清扫房间时将房内所有的火柴和烟蒂浸水后再倒入垃圾袋，同时检查房间内电源设施使用安全情况。

（3）采用清洁剂清洗时，要了解清洁剂的成分是否对人体有害，按照要求戴好防护手套和口罩。

二、客房清洁剂的种类

（1）按化学性质划分，可将清洁剂分为酸性清洁剂、碱性清洁剂、中性清洁剂。

（2）按用途划分，可将清洁剂分为多功能清洁剂、三缸清洁剂、玻璃清洁剂、金属抛光剂、家具蜡、空气清新剂、杀虫剂。

任务筹划

筹划项目	筹划内容
工具的选择	
明确清洁流程	
明确注意事项	

劳动词典

客房服务员

客房服务员是在饭店、宾馆、旅游客船等场所清洁和整理客房，并提供客房服务的人员。主要工作包括客房清扫整理、客房杀菌消毒、客房对客服务、客房用品管理、客房布置、客房楼面管理等。该职业共设三个等级，分别为：初级、中级、高级。

劳动提示

清洗卫生间须注意以下几点。

（1）戴手套主要是为了保护手部健康，避免感染细菌和损伤皮肤（冻疮、皲裂等）。

（2）洗面盆时需转动面盆塞清洁污渍与毛发，并注意检查地漏口是否有头发。

（3）清洁金属器件时，要确保表面无污迹、无水迹。

（4）注意不要使用酸性清洁剂，以免影响光亮。

（5）注意卫生间地面水渍，小心滑倒使自身受到伤害。

（6）在擦拭卫生间墙面时，注意不要用湿抹布接触到墙面插座，防止触电。

任务实施

步骤 1 清洗洗手盆。将清洗剂倒入洗手盆刷洗，用抹布擦干，要求金属光亮无水迹，面盆内无毛发，无污迹。

步骤 2 清洗防滑垫、地漏及马桶。首先喷清洁剂，然后遵循从干净到不干净原则进行清洗。抹布要分色使用：红色—马桶；绿色—五金件、电器；褐色—地面；蓝色—抹尘；禁止一块抹布一抹到底。

步骤 3 抹干。依次抹干盥洗区—淋浴间—马桶。

步骤 4 刮干。用玻璃刮刮干玻璃、墙面的水渍。

步骤 5 制作劳动安全清单。可以从正确使用清洁剂、正确穿戴防护手套、防止滑倒等方面制定清单。

思政导学

劳动最光荣，热爱劳动是中华民族的传统美德，中华民族向来重视对劳动美德的培养，劳动让我们学会生存、学会生活、学会创造，是修身、齐家和治国的重要条件。热爱劳动始于心，更要践于行，在劳动的过程中我们应注意做好个人防护，注意劳动安全，避免劳动伤害。

劳动反思

（1）通过对客房服务员劳动安全清单的了解，请你谈谈遵守劳动安全的重要性。

（2）在实践过程中，为什么要佩戴防护用具？

（3）请你结合劳动实践谈一谈，如果在劳动过程中遇到危害劳动安全的因素，应该怎么做？

任务评价

序号	任务实施成果	评价标准	是/否
1	清洁工作完成	完成卫生间清洁、整理全部工作内容	
2	清洁工作规范	正确选择、使用清洁剂 正确穿戴、使用防护用品 严格遵守工作流程	
3	安全清单完成	安全清单内容全面，表述简洁清晰	

任务检测

一、单项选择题

1. 劳动安全是（　　）享有的在职业劳动中人身获得保障、免受职业伤害的权利。

　A. 劳动者　　　　　B. 从业人员　　　C. 员工　　　　　　D. 成年人

2. 清洁房间时，将适量（　　）喷到面盆、淋浴间玻璃、墙壁上。

　A. 清水　　　　　　　　　　　　　B. 酸性清洁剂

　C. 碱性清洁剂　　　　　　　　　　D. 中性清洁剂

3. 清洗卫生间应戴手套，主要是为了保护手部健康，避免（　　）和损伤皮肤（生冻疮、皲裂等）。

　A. 感染细菌　　　　　　　　　　　B. 触摸脏东西

　C. 手部受伤　　　　　　　　　　　D. 沾染气味

4. 各种遥控器及电脑键盘的缝隙处一定要用（　　）擦。

　A. 干巾　　　　　B. 湿巾　　　　　C. 酒精棉　　　　　D. 清水

5. 在清扫房间里所有的火柴和烟蒂时，（　　）倒入垃圾袋。

　A. 直接　　　　　　　　　　　　　B. 熄灭

　C. 浸水后　　　　　　　　　　　　D. 只要没有明火就可以

6. 客房服务员在清洁高层客房窗户时，要系好安全带，发现窗户把手松动时，须报（　　）加固，以免高空坠落。

　A. 工程维修　　　　B. 上级领导　　　　C. 财务部　　　　D. 客人

二、多项选择题

1. 清洗卫生间须注意的事项是（　　）。
A. 不要用湿抹布接触到墙面插座，防止触电
B. 穿戴好劳动防护用品
C. 不要使用酸性清洁剂，以免影响光亮
D. 小心滑倒使自身受到伤害

2. 采用清洁剂清洗时，要了解清洁剂的成分是否对人体有害，按照要求戴好（　　）。
A. 手套　　　　B. 口罩　　　　C. 面巾　　　　D. 脚巾

3. 安全生产事关人民福祉和经济社会发展大局；安全生产必须要（　　），始终把安全生产放在首要位置，将安全生产要求贯穿到各项工作过程中。
A. 强化风险意识、责任意识　　　　B. 要牢固树立安全发展理念
C. 坚持人民至上、生命至上　　　　D. 坚持底线思维、极限思维

三、判断题

1. 擦洗杯具的抹布可以是房间抹尘专用的抹布。（　　）
2. 客房服务员要了解清洁剂的成分是否对人体有害，在工作时必穿须戴好防护手套和口罩。（　　）
3. 我们应树立正确的劳动价值观，弘扬勤劳美德，创造美好生活。（　　）
4. 安全生产是企业发展的重要保障，更是生产过程中的重中之重。（　　）
5. 采用清洁剂清洗时，要了解清洁剂的成分是否对人体有害，按照要求戴好防护手套和口罩。（　　）

任务拓展

请结合本专业岗位要求，制订一个劳动安全清单，可用文字描述或拍视频，过程须完整，完成后将纸质版清单或视频发送至本班班级群。

项目五　掌握劳动知识，夯实劳动基础

任务三　掌握劳动法规

任务导入

劳动合同是劳动者与用人单位确立劳动关系、明确双方权利和义务的协议，能够同时保障劳动者和用人单位双方的合法权益。劳动合同是维权的"护身符"，通过本任务的学习，请进一步了解劳动合同，并进行劳动合同的模拟签订。

物资准备

为模拟公司签订合同现场，需准备三种类型的劳动合同：非全日制用工劳动合同、全日制用工劳动合同、简易劳动合同。

知识准备

一、劳动合同的含义

劳动合同是劳动者与用人单位确立劳动关系、明确双方权利和义务的协议。根据《中华人民共和国合同法》《中华人民共和国劳动法》规定，建立劳动关系，必须签订书面劳动合同，不能口头约定。

二、签订劳动合同的意义

一是明确劳动者与用人单位之间的劳动关系；二是为保护劳动者和用人单位双方的权利；三是在发生劳动争议时，能够有据可凭、有法可依。

如果没有劳动合同，劳动者就没有维护自身合法权益的重要依据，用人单位的劳动管理工作就无法做到规范化。

三、签订和履行劳动合同应遵循诚实守信原则

（1）用人单位招用劳动者时，应当如实告知劳动者工作内容、工作条件、工作地点、职业风险、安全生产状况、劳动报酬，以及劳动者要求了解的其他情况。

（2）用人单位有权了解劳动者与劳动合同直接相关的基本情况，劳动者应当如实说明。劳动者与劳动合同的履行密切相关的情况通常包括劳动者的工作经历、学历及身体健康状况等。

案例分享

某环保公司与贾某劳动争议纠纷案

贾某与某环保公司建立了劳动关系，贾某需11月16日去医院就医，遂于11月15日在微信上向分管领导韩某请假并获其同意。因病情需要，贾某需住院治疗，因此贾某于11月16日20时06分在钉钉上发起请假申请并上传了病历，请假日期为11月17日至12月3日，分管领导韩某于11月16日20时13分审批通过，负责人郑某于11月19日14时21分审批通过。12月8日，该环保公司以贾某拒不执行公司决议、不服从公司安排等为由将贾某开除，并将通知在微信工作群内进行公示。贾某不服，向市劳动人事争议仲裁委员会提出仲裁申请，市劳动人事争议仲裁委员会裁决该环保公司系违法解除劳动合同，应当支付贾某赔偿金。该环保公司不服裁决结果，向市人民法院提起诉讼，请求法院判决其无需向贾某支付赔偿金。

法院认为，劳动者享有休息休假的权利，用人单位应当保障劳动者休息休假权的行使。贾某在生病后应该得到及时治疗，判决该环保公司支付贾某赔偿金。

（资料来源：编者根据相关资料整理）

劳动词典

《中华人民共和国劳动法》

《中华人民共和国劳动法》是为了保护劳动者的合法权益，调整劳动关系，建立和维护适应社会主义市场经济的劳动制度，促进经济发展和社会进步，根据宪法而制定的。《中华人民共和国劳动法》于1994年7月5日第八届全国人民代表大会常务委员会第八次会议通过。根据2009年8月27日第十一届全国人民代表大会常务委员会第

十次会议《关于修改部分法律的决定》第一次修正。根据2018年12月29日第十三届全国人民代表大会常务委员会第七次会议《关于修改〈中华人民共和国劳动法〉等七部法律的决定》第二次修正。

任务链接

一、劳动合同的种类

劳动合同分为固定期限劳动合同、无固定期限劳动合同和以完成一定工作任务为期限的劳动合同。

二、三种劳动合同的特点

（一）固定期限劳动合同

《中华人民共和国劳动合同法》（以下简称《劳动合同法》）第十三条：固定期限劳动合同，是指用人单位与劳动者约定合同终止时间的劳动合同。

用人单位与劳动者协商一致，可以订立固定期限劳动合同。

（二）无固定期限劳动合同

《劳动合同法》第十四条：无固定期限劳动合同，是指用人单位与劳动者约定无确定终止时间的劳动合同。

用人单位与劳动者协商一致，可以订立无固定期限劳动合同。有下列情形之一，劳动者提出或者同意续订、订立劳动合同的，除劳动者提出订立固定期限劳动合同外，应当订立无固定期限劳动合同：

（1）劳动者已在该用人单位连续工作满十年的。

（2）用人单位初次实行劳动合同制度或者国有企业改制重新订立劳动合同时，劳动者在该用人单位连续工作满十年且距法定退休年龄不足十年的。

（3）连续订立二次固定期限劳动合同（特殊规定情形除外），续订劳动合同的。

用人单位自用工之日起满一年不与劳动者订立书面劳动合同的，视为用人单位与劳动者已订立无固定期限劳动合同。

（三）以完成一定任务为期限的劳动合同

以完成一定工作任务为期限的劳动合同，是指用人单位与劳动者约定以某项工作的完成为合同期限的劳动合同。

以完成一定工作任务为期限的劳动合同是固定期限劳动合同的一种，因此用人单位与劳动者终止劳动合同需要经济补偿，且用人单位需为劳动者依法缴纳社会保险费，仅仅无试用期。

任务筹划

筹划项目	筹划内容
签订劳动合同前的准备阶段	
签订劳动合同阶段	
劳动合同签订完成	

劳动提示

根据《中华人民共和国劳动合同法》的规定，关于试用期有以下主要规定：

（1）试用期的期限：①劳动合同期限三个月以上不满一年的，试用期不得超过一个月。②劳动合同期限一年以上不满三年的，试用期不得超过二个月。③三年以上固定期限和无固定期限的劳动合同，试用期不得超过六个月。

（2）同一用人单位与同一劳动者只能约定一次试用期。试用期适用于初次就业或再次就业后改变岗位或工种的劳动者，对工作岗位没有发生变化的劳动者只能试用一次。

（3）试用期包含在劳动合同期限内。劳动合同仅约定试用期的，试用期不成立，该期限为劳动合同期限。

（4）劳动者在试用期的工资不得低于本单位相同岗位最低档工资的80%，或者劳动合同约定工资的80%，并不得低于用人单位所在地的最低工资标准。

此外，试用期期间，用人单位应对劳动者的工作进行考核，考核的结果将决定是否正式聘用劳动者。同时，在试用期内，用人单位和劳动者都有权解除劳动合同。

任务实施

步骤1 了解相关法律条例。明确订立书面劳动合同的时间。

步骤2 认真阅读劳动合同。注意劳动合同应当具备的条款,包括以下几项。

（1）用人单位的名称、地址和法定代表人或者主要负责人。

（2）劳动者的姓名、住址和居民身份证或者其他有效身份证件号码。

（3）劳动合同期限。

（4）工作内容和工作地点。

（5）工作时间和休息休假情况。

（6）劳动报酬。

（7）社会保险。

（8）劳动保护、劳动条件和职业危害防护。

（9）法律、法规规定的应当纳入劳动合同的其他事项。

步骤3 模拟签订劳动合同。

劳动合同

思政导学

签订劳动合同的意义在于明确劳动合同双方当事人的权利和义务,保护劳动者的合法权益,促使用人单位规范用工。同时,对于双方主体来说,一纸合同既是对彼此的约束,也是保护各自正当权益的法律武器。

劳动反思

（1）在新入职签订合同时应该注意的问题有哪些？（至少说出三个注意事项）

（2）如果在试用期出现工资低于用人单位所在地的最低工资标准的情况，正确的做法是什么？

（3）请你谈谈签订劳动合同的重要性。

任务评价

序号	任务实施成果	评价标准	是/否
1	签订劳动合同前的准备阶段	是否了解应聘岗位及岗位工作内容，签订劳动合同的有关注意事项	
2	签订劳动合同阶段	是否按照国家法律有关规定签订劳动合同	
3	劳动合同签订完成	劳动合同签订完成后，劳动合同文本一式两份，用人单位和劳动者各保存一份	

任务检测

一、单项选择题

1. 劳动合同是劳动者与用人单位确立（　　）、明确双方权利和义务的协议，能够同时保障劳动者和用人单位双方的合法权益。

A. 雇佣关系　　　　B. 劳动关系　　　　C. 用人关系　　　　D. 合作关系

2. 根据《中华人民共和国劳动法》，劳动者每日工作时间一般不得超过（　　）小时。

A. 6　　　　　　　B. 8　　　　　　　C. 10　　　　　　　D. 12

3. 根据《中华人民共和国劳动合同法》，劳动合同期限三个月以上不满一年的，试用期不得超过（　　）。

A. 两个月　　　　　B. 一个月　　　　　C. 七日　　　　　　D. 五日

4. 根据《中华人民共和国劳动合同法》，用人单位解除或终止劳动合同后，应在（　　）日内为劳动者办理档案和社会保险关系转移手续。

A. 7　　　　　　　B. 15　　　　　　　C. 30　　　　　　　D. 60

5. 签订和履行劳动合同应遵循（　　）原则。

A. 唯利是图　　　　B. 诚实信用　　　　C. 不平等　　　　　D. 强制执行

6.劳动者在试用期的工资不得低于本单位相同岗位最低档工资或者劳动合同约定工资的(　　)，并不得低于用人单位所在地的最低工资标准。

A.百分之八十　　　B.百分之六十　　　C.百分之七十　　　D.百分之五十

二、多项选择题

1.下列情形中，用人单位应当按照相应标准支付高于劳动者正常工作时间工资的工资报酬的有(　　)。

A.安排劳动者延长工作时间的

B.休息日安排劳动者工作又不能安排补休的

C.法定休假日安排劳动者工作的

D.周末安排劳动者参加公司团建活动的

2.劳动合同应当具备(　　)。

A.劳动合同期限　　　　　　　B.工作内容和工作地点

C.工作时间和休息休假　　　　D.职工娱乐活动安排

3.用人单位招用劳动者时，应当如实告知(　　)，以及劳动者要求了解的其他情况。

A.工作内容、工作条件、工作地点　　B.职业危害

C.安全生产状况　　　　　　　　　　D.劳动报酬

4.下列(　　)违反劳动法的规定。

A.我国公民未满16岁的，用人单位一律不得招用

B.双方当事人不可以约定周六加班

C.劳动合同期限约定为两年的，试用期应在半年以上

D.双方当事人可就全部合同条款做出违约金约定

三、判断题

1.《中华人民共和国劳动合同法》规定，劳动合同可以约定试用期，试用期最长不得超过6个月。(　　)

2.劳动者在试用期的工资不得低于用人单位所在地的最低工资标准。(　　)

3.劳动者连续工作满一年以上的，享受带薪年休假。(　　)

4.试用期是用人单位和劳动者双方约定的考察期。(　　)

5.用人单位自用工之日起超过一个月不满一年未与劳动者订立书面劳动合同的,应当向劳动者每月支付两倍的工资。（ ）

任务拓展

假设你是公司人事部工作人员,请你为新招聘的员工制订两份不同岗位、不同类型的劳动合同。

任务四　维护劳动权益

任务导入

近年来,随着信息技术的不断进步和平台经济的蓬勃发展,新就业形态用工方式灵活复杂,打破了旧有劳动法律秩序下的传统劳动关系模式和管理规范。对此,需要规范平台企业依法用工,保障新就业形态劳动者的合法权益,努力推动构建新就业形态健康用工关系。请结合所学知识,前往社区,通过担任社区工作者帮助劳动者解决遇到的劳动纠纷,以此维护劳动者的合法权益。

物资准备

记事本、适合谈话的办公室、纸质版的相关法律法规。

知识准备

一、劳动关系的含义

劳动关系是指劳动者与用人单位依法签订劳动合同，同时在劳动者与用人单位之间产生的法律关系。

二、维护劳动者合法权益的意义

（1）维护劳动者的合法权益有利于建立和维护适应社会主义市场经济的劳动制度，促进经济发展和社会进步。

（2）保障劳动者权益是促进社会公平正义，构建和谐社会的基础。

劳动故事

牛生有：发挥代表风范，做群众身边的贴心人

牛生有，现任青海省海北藏族自治州海晏县金滩乡东达村党支部书记，先后被评为全国脱贫攻坚先进个人、海北州劳动模范、海北州优秀村党支部书记。

牛生有对自己村里家家户户的情况了然于心，也是东达村的"法律明白人"。村里无论大事小情，老百姓们都会叫牛书记来帮忙解决。2021年8月的一天，某村民因自己租赁村集体一处草场上约400米的网围栏被邻村村民剪断破坏，与邻村村民起了争执。牛生有和村里调委会的成员协调乡司法所、派出所，联系邻村村委会负责人进行调解处理。经两村多天协商调解，在牛生有和村调委会的努力下成功化解了这起纠纷，维护了两村草场地界的安定。

（资料来源：编者根据相关资料整理）

劳动词典

（1）社区工作者是指经过一定选拔程序被社区党组织、社区居委会和社区服务站录用的，专职从事社区管理和服务，并与街道（乡镇）签订服务协议的工作人员。

（2）社区工作者面对的是整个社区的居民，要求其通过专业的技巧和方法对社区事务和人际关系进行有效、有序地协调，使社区保持健康状态和良性发展。

任务链接

《中华人民共和国劳动法》是为了保护劳动者合法权益调整劳动关系，建立和维护适应社会主义市场经济的劳动制度，促进经济发展和社会进步，根据宪法制定的。我国解决劳动争议的相关法律法规还有《中华人民共和国劳动合同法》《中华人民共和国劳动争议调解仲裁法》《中华人民共和国工会法》等。

任务筹划

筹划项目	筹划内容
调解纠纷前的准备阶段	
调解阶段	
调解结果阶段	

劳动提示

发生劳动人事争议的维权方式有以下几种：发生劳动人事争议，劳动者可以与用人单位协商，也可以请工会或者第三方共同与用人单位协商，达成和解协议；当事人不愿协商、协商不成或者达成和解协议后不履行的，可以向调解组织申请调解；不愿调解、调解不成或者达成调解协议后不履行的，可以向劳动人事争议仲裁委员会申请调解仲裁；对仲裁裁决不服的可以向人民法院提起诉讼。

任务实施

步骤1 了解劳动者小力的劳动纠纷。小力就读于某中等专业学校汽修专业。2022年8月，面临毕业实习的小力自行选择了一家汽车4S店作为实习单位，并与学校、公司签订了《学生实习协议书》《顶岗实习协议书》各一份。3月初，小力因公司拖欠工资前来申请调解。虽然小力所在的公司已经成立了劳动争议调解委员会，可是小力没有通过公司的调解委员会调解，而是直接来街道劳动部门信访。

步骤2 社工与小力公司相关负责人取得沟通。社工首先与公司调解委员会的调解主任进行了电话沟通，得知小力因实习结束须返校学习，但是并未做好工作交接，导致工作脱节，给顾客造成了损失。

步骤3 社工对双方进行调解。社工按照工作流程及时向企业宣讲了劳动法律法规，传达了小力的合法诉求和想法，争取企业的参与和支持，并希望企业发挥好劳动争议调解组织的作用，同时建议员工先和企业协商解决。

步骤4 调解完成。双方通过企业劳动争议调解委员会的调解，达成一致协议，化解了纠纷。

思政导学

劳动关系和谐是社会和谐安定的减震器、调节器、稳定器。通过人民调解介入解决劳动纠纷，不仅可以节省时间和成本，还能减少对抗和矛盾，促进社会和谐与稳定。

劳动反思

（1）在劳动纠纷调解过程中应该注意的问题有哪些？（至少说出三点）
（2）如果遇到调解工作无法进行的情况，正确的做法是什么？
（3）通过本次劳动纠纷的调解，你最大的收获是什么？

任务评价

序号	任务实施成果	评价标准	是/否
1	调解纠纷前的准备阶段	了解劳动纠纷的来龙去脉	
2	调解阶段	调解方法是否及时，合情合理合法	
3	调解结果阶段	调解结果是否得到矛盾双方的认可	

任务检测

一、单项选择题

1.在我国解决劳动争议的相关法律法规有《中华人民共和国劳动法》《中华人民共和国劳动合同法》《中华人民共和国劳动争议调解仲裁法》和（　　）等。

A.《计算机软件保护条例》

B.《中华人民共和国工会法》

C.《中华人民共和国反不正当竞争法》

D.《中华人民共和国治安管理处罚法》

2.社区工作者是指经过一定选拔程序被社区党组织、社区居委会和社区服务站录用的，专职从事社区（　　），并与街道（乡镇）签订服务协议的工作人员。

A.管理和治理　　　　　　　　B.管理和服务

C.服务和管制　　　　　　　　D.帮助和服务

3.《中华人民共和国劳动合同法》是为了完善劳动合同制度，明确劳动合同（　　）的权利和义务，保护劳动者的合法权益，构建和发展和谐稳定的劳动关系而制定的法律。

A.三方当事人　　　　　　　　B.一方当事人

C.双方当事人　　　　　　　　D.制定者

4.禁止用人单位招用未满（　　）周岁的未成年人。

A.十四　　　　B.十五　　　　C.十六　　　　D.十八

5.劳动合同可以约定试用期。试用期最长不得超过（　　）个月。

A.六　　　　B.十二　　　　C.三　　　　D.十

6.劳动争议申请仲裁的时效期间为（　　）年。

A.五　　　　B.一　　　　C.三　　　　D.两

二、多项选择题

1.社区工作人员主要负责为社区居民提供各种服务，包括卫生保健、（　　）、文化教育等服务。

A.社会救助　　　B.就业指导　　　C.法律援助　　　D.学习辅导

2.劳动合同的签订在于明确劳动合同双方当事人的（   ），保护劳动者的合法权益，促使用人单位规范用工。

A.权利　　　　　　B.义务　　　　　　C.权益　　　　　　D.权力

3.订立劳动合同，应当遵循（   ）平等自愿、协商一致、诚实信用的原则。

A.合法　　　　　　B.公平　　　　　　C.公开　　　　　　D.守法

4.当劳动者的合法权益受到侵害时，可以（   ）进行维权。

A.与用人单位协商解决　　　　　　B.请求工会或者第三方组织介入调解

C.向劳动争议仲裁委员会申请仲裁　　D.直接向人民法院提起诉讼

5.《中华人民共和国劳动法》第五条规定：国家采取各种措施，（   ），制定劳动标准，调节社会收入，完善社会保险，协调劳动关系，逐步提高劳动者的生活水平。

A.促进劳动就业　　B.促进社会发展　　C.发展职业教育　　D.发展社会经济

三、判断题

1.劳动关系是指劳动者与用人单位依法签订劳动合同而在劳动者与用人单位之间产生的法律关系。（   ）

2.如果劳动者认为自己的加班费计算有误，可以直接拒绝加班，无需提前与雇主沟通。（   ）

3.新就业形态用工方式灵活复杂，打破了传统劳动关系的法律范式。（   ）

4.发生劳动人事争议的维权方式有：协商、调解、仲裁、仲裁、诉讼。（   ）

5.用人单位无权单方面变更劳动合同的内容，任何变动都必须经过劳动者同意。（   ）

任务拓展

体验一日社区工作者，完成一日社区居民法律咨询工作，做好一日工作完整的记录，可用视频方式记录展示。

项目小结

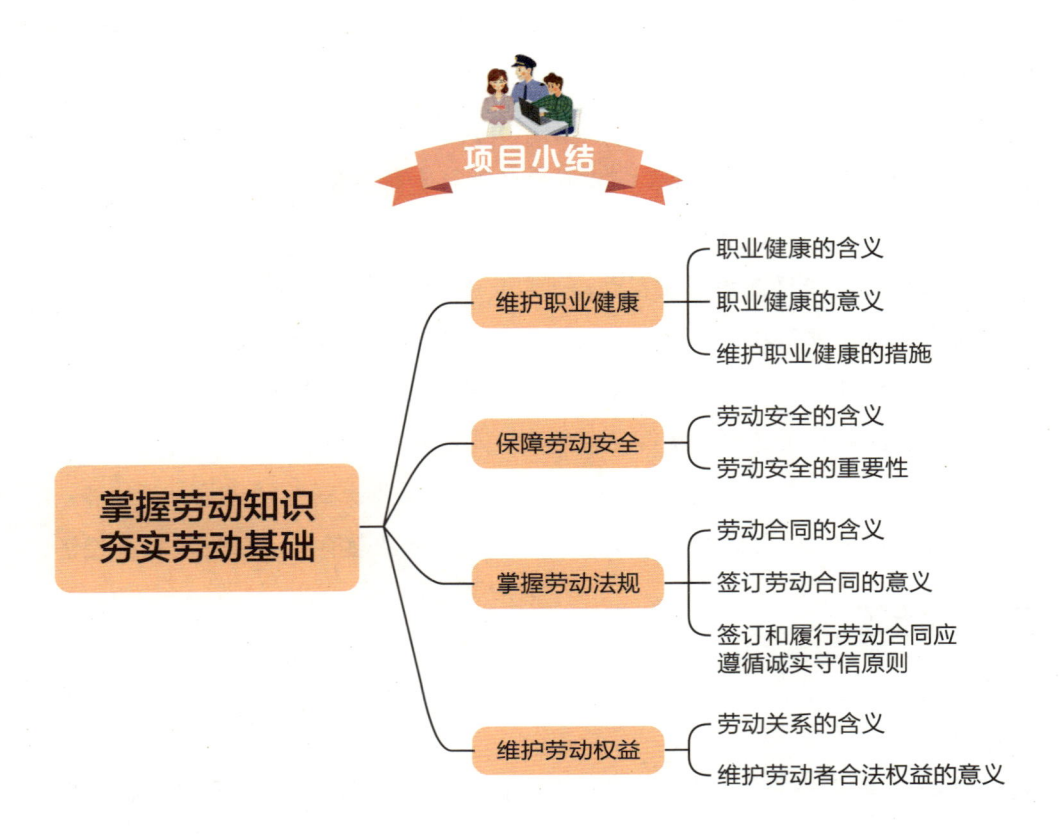

- 掌握劳动知识 夯实劳动基础
  - 维护职业健康
    - 职业健康的含义
    - 职业健康的意义
    - 维护职业健康的措施
  - 保障劳动安全
    - 劳动安全的含义
    - 劳动安全的重要性
  - 掌握劳动法规
    - 劳动合同的含义
    - 签订劳动合同的意义
    - 签订和履行劳动合同应遵循诚实守信原则
  - 维护劳动权益
    - 劳动关系的含义
    - 维护劳动者合法权益的意义

项目六

体验职业劳动，提高劳动技能

项目导读

职业劳动是一种有组织、有目的、有计划的劳动，通常需要一定的专业知识和技能。通过职业劳动，人们可以为社会做出贡献，实现自身的价值，并获得经济上的回报。本项目通过开一场直播、水培一棵蒜苗、扎染一件衣服、完成一次快递驿站服务，体验形式多样的传统劳动和新形态劳动，掌握相关的职业劳动技能，为未来的职业发展奠定坚实的基础。

项目目标

◉ **政治认同**：了解乡村振兴战略、新型工业化、新形态服务业等内容，厚植家国情怀、爱农情怀，自觉培育和践行社会主义核心价值观。

◉ **职业精神**：培养职业劳动意识，树立正确职业理想和科学职业观念，自觉追求高尚道德品质，提升职业道德境界。

◉ **法治意识**：培养自觉维护自身合法劳动权益的法治意识，做社会主义法治的忠实崇尚者、自觉遵守者和坚定捍卫者。

◉ **健全人格**：树立劳动无贵贱、劳动最光荣的劳动观念，形成自尊自信、理性平和、积极向上的心态。

◉ **公共参与**：培养主人翁意识，积极参加志愿服务和公共服务。

任务一　认识新就业形态下的劳动

任务导入

结合所学专业，开办一场知识分享型的直播活动，讲述一个有趣的专业话题。通过实时互动、视听一体、数智融合的新型知识分享模式，助力学习型社会建设。

抖音怎样用手机开直播

物资准备

工具准备

手机或电脑、网络、麦克风、声卡、补光灯。

材料准备

直播文案，主要包括：主题、时间、预热、开场词、大纲、结尾等。

知识准备

一、新就业形态下的主要劳动形式

当前，我国的新就业形态下的主要劳动形式包括网络配送、在线教育、社交媒体运营、互联网内容创作等。

二、新就业形态对劳动者的新要求

（1）新就业形态通常与技术和数字化密切相关。劳动者需要具备学习新技术、工具和平台的能力，保持信息敏感性，并不断发展和完善自己的专业知识。

（2）新就业形态劳动更加注重个体的自主性和创新性。劳动者需要具备较强的自我管理能力和问题解决能力，能够在不确定和多变的环境中做出决策并承担责任。

（3）新就业形态劳动者需要具备适应性和灵活性。劳动者能够在不同的事件和工作环境中快速适应、调整工作节奏。

（4）新就业形态下劳动者需要具备自我管理和自我保护的能力。劳动者需要制订合理的工作计划和目标，保持工作与生活的平衡，并注意个人健康和心理健康问题。同时，需要了解自己的权益和能够保护自身利益的法律法规。

劳动词典

新就业形态

新一轮信息技术革命特别是数字经济和平台经济发展带来一种就业新模式，表现为：劳动关系灵活化、工作内容多样化、工作方式弹性化、工作安排去组织化、创业机会互联网化，就业新模式正成为拓宽就业的一条重要渠道。

在新形态劳动领域，劳动关系变得越来越复杂，劳动者的权益保护也面临着诸多挑战。新形态劳动者应当主动学习相关的法律法规，注意新形态劳动过程中的权益保障。

任务链接

一、网络直播概述

（一）网络直播的定义和类型

网络直播是指通过互联网平台将实时视频、音频和内容传输给观众的一种形式。它允许人们通过互联网实时分享自己的经历、技能、演艺、表演等内容，与观众进行互动和交流。

网络直播的内容种类非常丰富，包括但不限于以下几种。

（1）游戏直播：游戏玩家可以通过直播平台实时展示自己的游戏过程，与观众分享游戏技巧和心得；观众可以观看并与主播一起互动。

（2）生活直播：主播可以通过直播展示自己的日常生活，分享美食、旅行、购物、化妆或其他生活技巧和经验；观众可以收看直播并与主播互动，提问或交流意见。

（3）教育直播：教育机构、专家学者或自媒体人可以通过直播平台分享知识、教育内容、讲座等；观众可以在线学习，并与主播进行问题解答和讨论。

（4）娱乐直播：包括音乐、舞蹈、相声、综艺节目等各种娱乐形式的直播，主播可以通过表演和互动吸引观众，观众可以在线欣赏节目，愉悦身心。

（二）网络直播现状

2022年我国网络表演（直播与短视频）行业整体市场营收达1992.34亿元，同比增长8%。新阶段下，直播、短视频平台逐步向互联网基础应用过渡，通过深度赋能数实融合、就业创业、文旅推广、助农普惠等，服务于网络强国、数字中国建设，助力"构建新发展格局，推动高质量发展"。

二、网络直播的过程

网络直播活动是一项系统工程，需要思路清晰地安排以下相关事宜。

（1）筹备直播工作：确定直播内容、做好预热宣传、配置直播资源、设计直播脚本。

（2）直播实施活动：围绕直播主题、保证直播质量、传递正确价值观。

（3）扩大直播影响：维护直播粉丝，继续宣传推广。

（4）直播后复盘：统计直播数据、收集反馈意见、总结经验教训。

劳动故事

阿克苏直播电商助农"出圈"

2023年5月25日，阿克苏地区直播电商基地直播中心开启了直播电商助农活动。

阿克苏地区是环塔里木盆地最大的优质果品基地，苹果、杏子等水果声名远扬，特色林果年总产量近260万吨，产值超180亿元。阿克苏地区深入调研，最终确定聚焦特色产业优势，实施"互联网+"电子商务发展战略，依托浙江援疆优势，推动电商产业发展，并以打造直播基地、培育电商达人和电商企业为关键举措，以直播带货、网红带货等方式拓宽销售渠道。

2023年一季度，阿克苏地区直播电商基地依托"网络年货节""公益助农直播""短视频达人带货大赛"和"阿克苏地区直播电商人才提升计划"等，辐射带动直播带货560多场次，实现网络零售额5000余万元。

（资料来源：阿克苏直播电商助农"出圈"，新疆维吾尔自治区人民政府网，2023-06-02，有改动）

任务筹划

筹划项目	筹划内容
确定直播主题	
选择直播平台	
确定直播流程	
直播数据分析	

劳动提示

网络直播中，要严格遵守直播行为规范。首先，要坚持正确的价值导向，践行与弘扬社会主义核心价值观，内容积极健康、向上向善，保证直播及互动环境绿色、健康、文明、有序；其次，要遵守相关法律法规、行业公约的规定，如《互联网直播服务管理规定》《网络表演经营活动管理办法》《网络信息内容生态治理规定》《网络音视频信息服务管理规定》等。

任务实施

步骤1 确定直播主题。网络直播的重点是要围绕主题、强化互动，充分利用数据分析与优化，打造更具吸引力和商业价值的直播内容。

步骤2 选择直播平台。抖音在目前的所有直播平台中，以月活跃用户多、同比增速快独占鳌头。所以本次任务以抖音作为直播平台。

步骤3 直播设置。主要包括设置谁可以看、直播内容，以及其他功能。

步骤4 开始直播。点击开始视频直播。

项目六　体验职业劳动，提高劳动技能

步骤 5　开场。运用独具特色的开场白，对自己进行简单介绍，对观众表示欢迎，并向他们介绍本次直播的主题和目标，如图6-1所示。

图6-1　开场

步骤 6　主题演讲。进行主题演讲，分享相关的知识、经验或见解，如图6-2所示。

图6-2　主题演讲

步骤 7　互动环节。选择一些问题与观众进行讨论，如图6-3所示。

图6-3　互动环节

步骤 8　直播结束。关闭直播间，记录本次直播的概况和直播体会。

思政导学

得益于互联网技术的进步和移动设备的普及，短视频直播为个人提供了表达自我和创造价值的平台，同时也对社会发展产生了深远的影响。行业的发展壮大使短视频直播成为展示美好生活的新载体。一批掌握数字技能、具备良好数字素养的年轻人正在努力抓住机遇。网络直播为新时代中职学生提供了一个实践和学习的平台，有助于他们在数字技能、数字素养等方面实现自我提升和进步。当然，这也需要学校、家庭和社会的正确引导和监管，确保直播内容的健康性和积极性。

劳动反思

（1）你在直播过程中遇到了什么问题，你是如何解决的？

（2）你对自己直播时的表现感到：□很满意 □满意 □不满意 □很不满意。

（3）在此次直播过程中你掌握了哪些劳动方法和技巧？

任务评价

序号	任务实施成果	评价标准	是/否
1	直播流程	网络直播六步法按序完成，整场直播流程顺畅、节奏紧凑	
2	直播质量	进入人次及停留时间达到预期目标	
3	直播效果	充分展示直播主题，实现直播目标	
4	直播规范	未出现犯规提示	

任务检测

一、单项选择题

1. 新就业形态下，劳动通常与技术和（　　）密切相关。

A. 农业　　　　B. 数字化　　　　C. 工业　　　　D. 社会保障

2.通过（　　），教育机构、专家学者或自媒体人可以分享知识、教育内容、讲座等。

A.游戏直播　　　　B.生活直播　　　　C.教育直播　　　　D.娱乐直播

3.劳动者需要具备（　　），能够在不同的工作环境中快速适应和调整，是提升工作效率和质量的关键。

A.专业知识　　　　　　　　　　　　B.自主性和创新能力

C.自我管理能力和问题解决能力　　　D.适应性和灵活性

4.国家有关部门陆续出台一系列政策措施保障新就业形态下的（　　）。

A.劳动者权益　　　B.劳动报酬　　　C.劳动安全　　　D.劳动关系

5.（　　）是网络直播的核心环节。

A.筹备直播工作　　B.直播后复盘　　C.直播过程　　　D.扩大直播影响

二、多项选择题

1.新就业形态依托的新一代信息技术与数字基础设施主要包括（　　）等。

A.移动互联网　　　B.物联网　　　　C.人工智能　　　D.互联网

2.当前，我国的新就业形态下的主要劳动形式包括（　　）。

A.网络配送　　　　　　　　　　　　B.在线教育

C.社交媒体运营　　　　　　　　　　D.互联网内容创作

3.由于新形态劳动通常具有较高的自主性和不确定性，劳动者需要具备（　　）能力。

A.自我管理　　　　B.适应性　　　　C.灵活性　　　　D.自我保护

4.网络直播是指通过互联网平台将实时（　　）传输给观众的一种形式。

A.视频　　　　　　B.图片　　　　　C.音频　　　　　D.内容

5.直播后的复盘包括（　　）等工作内容。

A.统计直播数据　　　　　　　　　　B.收集反馈意见

C.直播实施　　　　　　　　　　　　D.总结经验教训

三、判断题

1.新就业形态是新一轮信息技术革命，特别是数字经济和平台经济发展带来的一种就业新模式。（　　）

2.在新就业形态下，劳动关系变得越来越简单。（　　）

3.劳动者需要具备较强的自我管理能力和问题解决能力，能够在不确定和多变的环境中做出决策并承担责任。（　　）

4.抖音直播文案，主要包括主题、时间、预热、开场词、大纲、结尾等。（　　）

5.网络直播中，无须严格遵守直播行为规范。（　　）

任务拓展

自拟主题在短视频平台开一场直播，提前在朋友圈、微博进行直播预热，直播时学习新的技巧、尝试新的策略，并根据观众的需求和反馈进行自我调整。

任务二　农业生产劳动

任务导入

自己动手培养一棵水培植物（以蒜苗为例），体会耕作劳动，感受绿色生命，厚植爱农情怀，争做知农、爱农、兴农的新时代青年。

物资准备

工具准备

矿泉水瓶（纸杯）、手工剪刀、记号笔。

材料准备

结实整齐、瓣型适中的蒜头，自来水。

知识准备

一、新时代农业生产劳动

新时代农业生产劳动是指在当代社会背景下进行农业生产所涉及的劳动活动。这些劳动活动包括种植、养殖、农业机械操作、农产品采摘、加工等各个环节，旨在生产粮食、蔬菜、水果、畜禽产品等，以满足人们的食物需求。

新时代农业生产劳动不仅包括传统的农业生产劳动，还融合了现代科技、信息化、智能化等元素，以适应社会经济发展的需要。

二、新时代农业生产劳动对劳动者提出的新要求

（1）劳动者需要掌握先进的农业技术。随着科技的进步，农业生产方式正在发生深刻的变革。劳动者需要学习和应用现代化的农业设备和技术，如精准播种、施肥、灌溉和收割等自动化设备，以及高效的水肥一体化技术，以提高农作物的产量和品质，降低生产成本，增强市场竞争力。

（2）劳动者需要具备综合型的素质和能力。农业领域的劳动者不仅要懂农业知识，还需要懂科技、懂市场、懂管理。这就要求劳动者要具备更强的学习能力、创新能力和市场洞察力，以便更好地适应农业发展的需求。

（3）劳动者需要关注市场需求，拓展销售渠道。通过电商平台、社区团购等新型销售模式，劳动者可以直接对接消费者，提高产品的市场占有率。同时，还可以结合地方特色和文化元素，打造具有地域特色的农产品品牌，提升市场竞争力。

（4）劳动者需要关注农业发展的可持续性。在追求经济效益的同时，注重环境保护和生态平衡，采用环保的农业生产方式，减少化肥和农药的使用，保护土地资源和水资源，实现农业的绿色发展。

劳动故事

北魏农学家——贾思勰

贾思勰（图6-4），北魏益都（今山东省寿光市）人，著有综合性农书《齐民要术》（图6-5）。这本书系统总结了秦汉以来我国黄河流域的农业科学技术知识，是中国现存最早的、最完整的大型农业百科全书，也是世界农学史上最早的名著之一，对后世

图6-4 贾思勰　　　　图6-5 《齐民要术》

的农业生产有着深远的影响。

　　贾思勰在思想上把天当作自然物，主张认识、利用并改造它，反对"生死由命、富贵在天"的命定论。贾思勰十分重视农业生产，他把生产活动与人们生活联系起来，初步认识到遵循客观规律与发挥人的主观能动作用之间的辩证关系，认为农业是人民衣食之本，只有发展生产，才是富民强国之道。中年以后，他回到故乡，开始经营农牧业活动，掌握了多种农业生产技术。在北魏永熙二年（533年）至东魏武定二年（544年）间，贾思勰分析、整理、总结，写成农业科学技术巨作《齐民要术》。

（资料来源：编者根据相关资料整理）

任务链接

一、水培种植技术简介

　　水培植物技术也称为水耕栽培，是一种无须土壤，仅通过营养液供给植物所需营养的栽培方法。这种技术适用于室内外种植，能有效节省空间、控制营养供给、减少病虫害，并且有助于节水和环保。

　　水培植物在我国有着悠久的历史，早在1700多年前，西晋嵇含的《南方草木状》中就有关于水培的记载，其中写道："南人编苇为筏，作小孔，浮于水上，种子于水中，则如萍，根浮水面。及长，茎叶皆出于苇筏孔中，随水上下，南方之奇蔬也。"我国现代无土栽培的研究和生产应用始于20世纪70年代，主要是水稻无土育秧、蔬菜作物无土育苗。水培技术除了在解决资源和实现产业化方面做出贡献外，还可以在城市建设中发挥作用，比如为城市居民提供新鲜、安全、多样的农产品,同时节约土地、水资源,减少运输和储存的成本和环境影响。

二、水培种植的方法

(一)水培植物的操作步骤

(1)选择合适的容器:根据植物的大小和水培系统的类型选择合适的容器。

(2)准备营养液:按照推荐比例配制或购买现成的营养液。

(3)植物准备:可以直接购买水培植物或将土栽植物的根部清洗干净,去除所有土壤。

(4)安装水培系统:如果采用循环或滴灌系统,需要安装泵和定时器等设备。

(5)维护管理:定期检查营养液的pH值和营养成分,根据植物生长情况添加或更换营养液。

(二)营养液的配制

营养液是水培植物生长的关键,需包含植物生长所需的主要营养元素,如氮、磷、钾等,以及微量元素,如铁、锌、铜等。市面上有专门的水培营养液配方,也可以根据植物的具体需求自行配制。配制营养液时,要确保pH值保持在5.5~6.5,以利于植物吸收。

任务筹划

筹划项目	筹划内容
水培植物的选择	
种植环境的搭建	
种植与收获	

劳动提示

蔬菜水培的生长周期短,所以非常适合作为水培种植活动的首选。将各种生活中的多种蔬菜进行水培,会收获各种惊喜,不仅可以观赏,还可以食用,一举两得。除了蔬菜还可以水培其他的植物,只要愿意花费时间,学校的教室里,家里的小阳台,都可以打造成一片种植的小天地。

任务实施

步骤 1　制作器皿。选用废弃的塑料瓶或一次性纸杯，根据大蒜根部尺寸修剪杯口，如图 6-6 所示。

图 6-6　制作器皿

步骤 2　选种。关键要选蒜体完好无破损的，如图 6-7 所示。

图 6-7　选种

步骤 3　处理大蒜。修剪大蒜根部的老根，削掉蒜头，剥掉外衣露出蒜瓣，如图 6-8 所示。

图 6-8　处理大蒜

步骤 4 种植。在圆孔位置摆放大蒜,根部刚好接触到水,不宜过深,如图 6-9 所示。

图 6-9 种植

步骤 5 搭建环境。阳光充足,温度保持在 10~15 ℃,如图 6-10 所示。

图 6-10 搭建环境

步骤 6 换水。第 1~5 天只添水,之后 6 天左右换水一次。

步骤 7 收获。在单株长至 10~15 cm 的时候进行采收,全程水培,可收获 6~7 茬蒜苗,如图 6-11 所示。

图 6-11 收获

思政导学

农业生产劳动不仅是农民日常工作的一部分，还是整个社会生产的基础，同时也是向年轻一代展示和传递劳动经验的渠道。参加农业生产类劳动具有重要的意义，不仅有助于树立正确的劳动观，体会劳动创造美好生活的过程，而且可以引导我们从自身做起、从点滴做起，养成勤俭节约的良好习惯。

劳动反思

（1）在水培过程中你遇到了什么问题，是如何解决的？

（2）你对自己水培的蒜苗感到：□很满意 □满意 □不满意 □很不满意。

（3）你在水培的过程掌握了什么技能？体会到了哪些乐趣？

任务评价

序号	任务实施成果	评价标准	是/否
1	器皿制作	种植孔剪切圆滑、大小适中	
2	大蒜处理	修剪老根、削掉蒜头，剥掉外衣露出蒜瓣	
3	搭建环境	阳光照射、温度适宜	
4	收获蒜苗	单株长至10~15 cm，蒜苗粗壮、颜色翠绿	

任务检测

一、单项选择题

1.新时代农业生产劳动是指在当代社会背景下进行（　　）所涉及的劳动活动。

A.农业供应　　B.农业生产　　C.农业销售　　D.农业种植

2.劳动者需要关注（　　），拓展销售渠道。

A.乡村振兴　　B.市场需求　　C.产业振兴　　D.生态振兴

3.水培植物技术也称为水耕栽培,是一种无须土壤,仅通过(　　)供给植物所需营养的栽培方法。

A.矿物质水　　　　B.纯净水　　　　C.营养液　　　　D.培养液

4.水培营养液要确保pH值保持在(　　)。

A.5.5～6.5　　　　B.6.5～7.5　　　　C.5.0～7.0　　　　D.6.0～7.0

5.大蒜的选种关键是要选(　　)完好无破损的。

A.蒜根　　　　B.蒜体　　　　C.蒜苗　　　　D.蒜皮

二、多项选择题

1.新时代农业生产劳动不仅包括传统的农业生产劳动,还融合了(　　)等元素,以适应社会经济发展的需要。

A.现代科技　　　　B.数据化　　　　C.信息化　　　　D.智能化

2.在追求经济效益的同时,劳动者需要注重(　　)。

A.环境保护　　　　B.可持续发展　　　　C.生态平衡　　　　D.绿色有机

3.下列关于《齐民要术》描述正确的是(　　)。

A.是中国现存最早的农学著作

B.是最完整的大型农业百科全书

C.是世界农学史上最早的名著之一

D.对后世的农业生产有着深远的影响

4.水培技术在(　　)等方面做出了重要贡献。

A.解决资源　　　　　　　　B.减少运输和储存成本

C.实现产业化　　　　　　　D.城市建设

5.水培大蒜的适宜环境包括(　　)。

A.背光　　　　　　　　　　B.阳光充足

C.温度保持在15～25℃　　　D.温度保持在10～25℃

三、判断题

1.历史悠久的农耕文化是中华传统文化不可或缺的一部分。(　　)

2.新时代农业生产劳动不包括传统的农业生产劳动。(　　)

3.农业领域的劳动者不仅要懂农业知识,还需要懂科技、懂市场、懂管理。(　　)

4.水培植物在我国有着悠久的历史，早在1700年前西晋嵇含的《南方草木状》中就有水培的记载。（   ）

5.水培大蒜单株长至10~15cm时采收，全程水培，可收获6~7茬。（   ）

任务拓展

2021年9月25日在中央广播电视总台农业农村频道首播的《瓜熟蒂落》，记录了"种瓜人"种瓜、盼瓜、收瓜的辛劳过程。追求幸福生活的喜怒哀乐与悲欢离合，展现了乡村振兴大背景下，中国农村的发展和变迁，老百姓们的汗水和奋斗，乡村生活的幸福与美好。请同学们课后观看，并交流观看感受。

任务三　工业生产劳动

任务导入

制作一件扎染作品，体验工业生产劳动。

中国工业文明的引领者

物资准备

工具准备

橡皮筋、夹子、手套、棉绳、剪刀、煮锅、过滤网等。

材料准备

白色织物、栀子（可用板蓝根、紫甘蓝、红色洋葱皮替代）。

知识准备

一、新型工业化劳动的主要形式

新型工业化是我国提出的一种发展模式，它强调在工业化进程中要充分利用信息技术，实现工业的高质量、高效益、低消耗和低污染。

新型工业化劳动的主要形式包括智能制造、工业互联网、绿色生产、高端制造、生产性服务等多个领域和类别。新型工业化劳动具有智能化、绿色化和服务化的特点。

二、新型工业化劳动对劳动者的新要求

新型工业化劳动对劳动者的要求更加全面和多元，劳动者需要不断提升自身素质，以适应新型工业化发展的需求。主要体现在以下几个方面。

（1）技能提升：新型工业化劳动强调知识和技术密集型产业的发展，要求劳动者具备更高的专业技能和知识水平，以适应产业结构升级的需求。

（2）创新能力：新型工业化劳动鼓励创新，劳动者不仅需要掌握现有技术，还应具备一定的创新能力，能够参与技术革新和工艺改进，推动企业的持续发展。

（3）适应能力：随着产业结构的变化，劳动者需要具备较强的适应能力，能够迅速适应新岗位、新环境和新要求。

（4）团队合作：新型工业化劳动生产模式强调团队协作，劳动者需要具备良好的沟通能力和团队合作精神，能够在团队中发挥作用。

（5）信息技术应用能力：信息化是新型工业化的一个重要特征，劳动者需要掌握一定的信息技术知识，能够使用现代信息技术工具进行工作和管理。

（6）绿色环保意识：新型工业化劳动强调绿色发展，劳动者应具备环保意识，能够在生产过程中注重资源节约和环境保护。

劳动故事

近代中国民族化学工业之父范旭东

范旭东（1883—1945）（图6-12），祖籍湖南省湘阴县，中国化工实业家，是中国重化学工业的奠基人，被称为"中国民族化学工业之父"。范旭东创立了中国第一个精盐厂，毛泽东称赞他为中国人民不可忘记的四大实业家之一。

范旭东17岁时被哥哥带往东京求学，先在东京第六高中学习，后来后考入冈山第六高等学堂学医。据说冈山的校长酒井对他说了一句话："俟君学成，中国早亡矣。"范旭东因此深感痛心，决心改学更有强国之用的学科，就读日本京都帝国大学理学院应用化学系。

图6-12 范旭东

1911—1927年，民族企业的崛起是一场与外资企业全面竞争的大商战。在相当长的时间里，洋面、洋布、洋火、洋盐、洋油（煤油）占领了几乎所有的民生市场，民族企业的"进口替代运动"便是在所有的领域内与国外公司展开一场面对面的竞争，进行一一的收复。范旭东从日本京都帝国大学理学院应用化学系毕业后，他随即回国，立志于复兴中国的盐业。

1915年，范旭东在天津创办久大精盐公司。1917年，久大精盐销出1万担。1923年增加到4万多担。1936年达到顶峰，约50万担。在精盐上取得突破后，范旭东马上又转战制碱业、化肥业。1937年2月5日，范旭东创立的永利铔厂出产了中国人自己生产的第一批硫酸铔化肥，这是中国化肥工业史上崭新的一页。国人把它和美国的杜邦公司相媲美，称它为"远东第一大厂"。

然而，当时的中国已处于抗日战争前夕。抗战爆发后，永利铔厂立刻停产化肥，秘密改产军火。但上海沦陷后，工厂落入敌手。日军将永利铔厂的重要设备拆卸后运往日本，这个中国当时最具代表性的工业大厂就此夭折。

范旭东壮志未酬，因积劳成疾于1945年10月在重庆病逝。南京解放后，南京市军管会接管了该厂，并于1958年1月将工厂改组为南京化学工业公司。

（资料来源：编者根据相关资料整理）

任务链接

一、扎染的概念

扎染是中国传统的手工染色技艺之一，属于非物质文化遗产。扎染主要是通过绑扎、打结、缝制等手法，将织物折叠或扎成一定形状，然后染色。由于扎结部分对染料的阻隔，使得织物上会出现不同层次的色彩和图案，具有独特的艺术效果。

二、扎染的做法

扎染的关键工艺是扎结和染色两部分。它是通过纱、线、绳等工具，对织物进行扎、缝、缚、缀、夹等多种形式组合后进行染色。其目的是对织物扎结部分起到防染作用，使被扎结部分保持原色，而未被扎结部分均匀受染。从而形成深浅不均、层次丰富的色晕和皱印。

常见的扎结方法

在扎染的过程中，每个人都可以根据自己的喜好和想象，通过不同的扎结方式和染色技巧，创作出独一无二的作品。这种个性化的创作体验，让人能够充分发挥自己的想象力和创造力，感受到艺术创作的魅力。

任务筹划

筹划项目	筹划内容
白色织物的选择	
扎结方法的选择	
扎染作品展示的设计	

劳动提示

织物常见的材质有棉布、麻布、丝绸，以及涤纶、尼龙等，其中棉、麻、人造丝织纤维的织物最为适合手工染色。了解织物纤维的鉴别方法，有助于在染色时有选择的使用并保证染色效果。常见织物纤维的鉴别方法见表6-1。

表6-1 常见织物纤维的鉴别方法

名称	燃烧气味	燃烧中的状态	燃烧后的状态
棉、麻、人造丝	类似烧纸的气味	接触火焰能立即燃烧，离开火焰能继续燃烧	成为少量细软的灰白色粉末
羊毛、丝绸	类似头发烧焦的气味	接触火焰时徐徐燃烧，离开火焰时继续缓慢燃烧	成为黑色松脆灰烬
涤纶	醋酸味	在火焰中熔融并立刻燃烧，离开火焰时边熔融边燃烧	成为黑色不规则硬块
尼龙	臭味	触到火焰即熔融燃烧，离开火焰后不再燃烧	成为有鲜亮的玻璃球状硬块

任务实施

步骤1 扎结。借助棉绳、夹子、纽扣等扎结工具（图6-13），通过缠、捆、绑、抽、缠、绕、挡、拧、夹、搓等方式对织物进行不同形式的扎结。

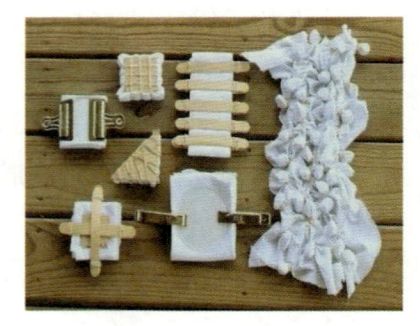

图6-13 扎结工具

步骤2 制作染液。将栀子敲碎，加水煮30分钟至深色，如图6-14所示。

图6-14 制作染液

步骤 3 过滤染液。用滤网过滤杂质，如图 6-15。

图 6-15　过滤染液

步骤 4 染色。将织物进行染色，染色方式多样，可以选择全部或部分浸泡，浸泡时间不同可形成不同深度的颜色及过渡色，如图 6-16 所示。

6-16　染色

步骤 5 固色。将 20 克食盐和 1 升清水按比例混合，把染好的织物放入其中浸泡 15 分钟，如图 6-17 所示。

6-17　固色

步骤 6 水洗。将染色后晾干的织物保持未脱结的状态用清水进行洗涤，如图 6-18 所示。

图 6-18 水洗

步骤 7 脱结。脱去染前扎结的部分，如图 6-19 所示。

图 6-19 脱结

步骤 8 晾晒。放在太阳下晾干即可，如图 6-20 所示。

图 6-20 晾晒

项目六　体验职业劳动，提高劳动技能

思政导学

扎染是一种具有悠久历史的传统手工艺技术，近年来也被现代化工业所采纳并创新发展，成为一种融合传统与现代元素的新型工业活动。学生通过体验植物扎染的工艺流程，不仅能锻炼他们的动手能力、学会色彩搭配、提高审美情趣，同时丰富了他们的文化感受，提高了审美素养，激发了民族自信心和自豪感。有助于铸牢新时代中职生中华民族共同体意识。

劳动反思

（1）在扎染过程中你遇到了什么问题，是如何解决的？

（2）你对自己扎染的作品感到：□很满意 □满意 □不满意 □很不满意。

（3）在扎染的过程中，你掌握了哪些劳动方法和技巧？

任务评价

序号	任务实施成果	评价标准	是/否
1	扎结	使用一种以上扎结方法	
2	染液制作	染液颜色鲜亮、无杂质	
3	染色处理	上色明显，达到预期效果	
4	规范安全	按要求进行操作，个人防护到位	

任务检测

一、单项选择题

1.新型工业化是我国提出的一种发展模式，它强调在工业化进程中要充分利用（　　）。

A.数据技术　　　B.信息技术　　　C.农业销售　　　D.农业种植

167

2.新型工业化鼓励（　　），能够参与技术革新和工艺改进，推动企业的持续发展。

A.科技　　　　　B.技术　　　　　C.创新　　　　　D.生产力

3.随着产业结构的快速变化，劳动者需要具备较强的（　　），能够迅速适应新岗位、新环境和新要求。

A.创新能力　　　　　　　　　B.信息技术应用能力

C.技能提升　　　　　　　　　D.适应能力

4.近代中国民族化学工业之父是（　　）。

A.柳冠中　　　　B.沈鸿　　　　C.范旭东　　　　D.黄旭华

5.将织物揪起一点，以此为重心，然后进行多层次折叠，最后用棉线或麻绳捆扎的方法是（　　）。

A.捆扎法　　　　B.折叠扎法　　　　C.缝绞法　　　　D.打结扎法

二、多项选择题

1.随着产业结构的快速变化，劳动者需要具备较强的适应能力，能够迅速适应新岗位和（　　）。

A.新环境　　　　B.新技能　　　　C.新知识　　　　D.新要求

2.扎染的关键工艺是（　　）两部分。

A.晾干　　　　B.扎结　　　　C.染色　　　　D.水洗

3.常见织物中的（　　）织物最为适合手工染色。

A.棉　　　　B.尼龙　　　　C.麻　　　　D.人造丝织纤维

4.打结扎法是将织物作（　　）方式折曲后自身打结抽紧。

A.对角　　　　B.折叠　　　　C.捆扎　　　　D.夹扎

三、判断题

1.新型工业劳动者需要掌握一定的信息技术知识，能够使用现代信息技术工具进行工作和管理。（　　）

2.新型工业化劳动具有智能化、绿色化和服务化的特点。（　　）

3.新型工业化对劳动者的要求比较单一，劳动者需要不断提升自身素质，以适应新型工业化发展的需求。（　　）

4.扎染是中国现代的手工染色技艺之一，属于非物质文化遗产。（　　）
5.扎结是决定最后染色效果的关键。（　　）

任务拓展

结合专业，使用一种常用的工业生产劳动工具，尝试制作一件工艺品，感受工业生产劳动创造的价值，增强产品质量意识，体会平凡劳动中的伟大。

任务四　商业服务劳动

任务导入

校园快递驿站工作一天，体验之余，理解快递小哥，致敬劳动者。静下心来学习，沉下心来钻研，苦练真本领，磨炼好技术，自我激励日后在劳动中创造价值、展现风采、创造美好生活。

物资准备

工具准备

手机、防尘口罩、手套。

材料准备

驿站类App、快递运单。

知识准备

一、商业服务劳动

商业服务劳动是指在商业活动中涉及的服务交换活动，是服务性劳动的一种重要形式。商业服务劳动形式丰富多样，涵盖了商业领域的多个方面，旨在满足消费者和企业的多样化需求。商业服务劳动的主要形式包括零售与批发服务、专业咨询服务、技术与信息服务、物流与运输服务、教育与培训服务。

二、商业服务劳动对劳动者的要求

商业服务劳动对劳动者提出了多方面的要求，以确保服务质量和效率，满足消费者的需求。

（1）专业知识与技能。劳动者需要具备与所从事的商业服务相关的专业知识和技能，通过不断学习和提升，劳动者能够更好地理解消费者的需求，提供专业的建议和解决方案。

（2）服务态度与沟通能力。劳动者需要具备良好的服务态度，如友善、耐心、细心等。同时，还需要具备出色的沟通能力，能够清晰、准确地传达信息，理解消费者的需求和意见，并及时给予回应。

（3）应变能力与解决问题的能力。劳动者需要具备应变能力，能够迅速应对各种变化和挑战。同时，还需要具备解决问题的能力，能够独立思考、分析问题，并提出有效的解决方案。

（4）职业道德与诚信。劳动者需要遵守职业道德规范，保持诚信和正直的品质。同时，还需要尊重消费者的权益，保护消费者的隐私，不泄露商业机密，维护公司的形象和声誉。

任务链接

一、快递服务

（一）快递服务概念

快递服务即按照约定的时限、方式将信件、包裹、印刷品等物品按照封装上的名址寄送给特定个人或单位的活动。

快递服务主要从业人员包括快递员、快递处理员、邮件快件安检员、快递工程技术人员、快递设备运维师、快递站点管理师、国际快递业务师等七类。

（二）快递服务高质量发展

《全球快递发展报告》显示，中国快递包裹业务量自2014年起稳居世界第一，2023年中国快递包裹业务量为1320.7亿件，同比增长19.4%，业务收入完成12074.0亿元，同比增长14.3%。中国快递包裹企业实力明显增强，两家快递公司位列世界500强企业，多家快递公司业务量超过百亿件规模，中国快递基础设施投入持续加大、服务能力不断增强。我国快递业已经进入"千亿件"时代，正从"快速增长"转向"高质量发展"。

二、校园快递驿站

校园快递驿站是一个专门负责接收、分拣、储存、派送快递的场所，主要服务于校园内的学生、教职工等。它的建立给快递企业、网上的商家和快递服务终端的师生都带来了极大的便利。

近年来，全国校园快递包裹量逐年上升，很多中职学校将快递服务作为校园公共基础服务，并纳入学校后勤现代化建设中，提供方便、安全、智能、绿色的校园快递体验。

三、校园快递驿站服务

校园快递驿站的主要服务内容是接收和存放来自各大快递公司的包裹，确保包裹安全并及时通知收件人前来领取。同时，驿站还提供快递寄送服务，协助师生完成寄件流程，包括填写寄件信息、打印单据等。此外，驿站还提供包裹查询与追踪服务，方便师生随时了解包裹的状态和位置。为了提升服务质量，校园快递驿站还致力于维护驿站的环境卫生，加强安全管理，确保师生在取件过程中的舒适与安全。

劳动故事

宋学文：把收寄快递做成"学问"

自从 2011 年加入京东物流成为快递小哥以来，宋学文累计配送了 30 余万件包裹，行程超过 32 万公里，创下零差评、零投诉、零安全事故的佳绩。在过去的 11 年间，他从一名普通的快递小哥成长为营业部负责人，再到现在负责京东快递在北京的一部分运营规划工作，他把每天的收寄快递做成了一门"学问"。在收获个人成长的同时，他用"有速度更有温度"的服务初心，赢得了客户的尊重。因为出色的服务业绩，2020 年宋学文被评为了全国劳模。

（资料来源：宋学文，把收寄快递做成学问，中工网，2022-10-18，有改动）

任务筹划

筹划项目	筹划内容
接收快递准备	
接待师生准备	
快递寄件准备	

劳动词典

快递员群体合法权益

一直以来，党和国家高度重视快递员群体合法权益保障工作，出台多个文件为做好快递员群体权益保障工作提供了根本遵循和行动指南。

2021 年 6 月 23 日国家邮政局、国家发展改革委、人力资源社会保障部等七部门联合印发《关于做好快递员群体合法权益保障工作的意见》，其中提出了到"十四五"末期要实现的主要目标，即快递员群体合法权益保障的相关制度机制基本健全，社保权益得以维护；快递员群体的获得感、幸福感、安全感持续提升，职业的自我认同和社会认同持续增强；薪资待遇更趋合理，企业用工更加规范，从业环境更加优化，就业队伍更加稳定。

2023 年年初，国家邮政局公布 2023 年邮政快递业更贴近民生七件实事，"强化快递员群体合法权益保障"更是有了新的奋斗方向。各地邮政管理局还积极探索党建引领快递员融入社区基层治理工作，让快递员拥有更多职业荣誉感和社会归属感。

项目六 体验职业劳动，提高劳动技能

任务实施

步骤 1

驿站开门营业与准备工作。打扫驿站环境卫生，整理店面滞留的包裹，如图 6-21 所示。

（a） （b）

图 6-21 驿站开门营业与准备工作

步骤 2

快递入库与分类。快递员在特定时间（如早上 9：00~9：30）将快递送到驿站。工作人员需接收快递，对其进行分类、按顺序贴上标签，并通过驿站类软件扫描包裹的条形码入库，发送取件码至收件人手机，如图 6-22 所示。

（a） （b）

图 6-22 快递入库与分类

步骤 3

快递取件服务。参照取件码找到快递，核对信息准确无误后，扫描包裹的条形码完成出库，如图 6-23 所示。

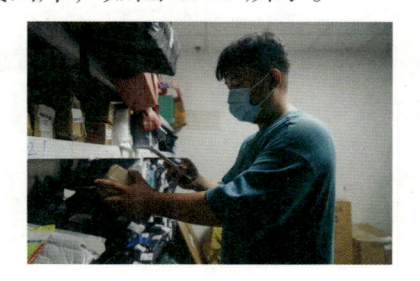

图 6-23 快递取件服务

193

步骤 4 寄件服务。检查寄件物品，确保不是危险品、禁运品。对物品进行称重、包装、计收运费，如图 6-24 所示。

（a） （b）

图 6-24 寄件服务

步骤 5 整理汇总当日驿站快递业务流量信息，包括收件数、寄件数、退件数、取件数等。

步骤 6 驿站闭店。清理驿站垃圾，关闭门窗、电源确保驿站夜间的安全，如图 6-25 所示。

图 6-25 驿站闭店

思政导学

劳动最光荣，所有职业都是社会分工的一部分，没有高低贵贱之分。外卖骑手风里来雨里去，为我们的生活提供了便利，他们是勤劳的象征，值得我们每一个人尊重。我们应该珍视每一份职业的付出，尊重每一个劳动者，共同营造一个和谐、尊重的社会氛围。

劳动反思

（1）你在快递服务过程中遇到了什么问题？你是如何解决的？

（2）你对快递服务过程感到：□很满意 □满意 □不满意 □很不满意。

（3）在快递服务的过程中你掌握了哪些劳动方法和技巧？

任务评价

序号	任务实施成果	评价标准	是/否
1	快递服务完成	按时到岗，不迟到、不早退	
2	收寄服务情况	正确完成收件、寄件服务，无差错	
3	顾客评价	真诚服务顾客，无顾客差评	
4	规范安全	遵守驿站安全服务的规定	

任务检测

一、单项选择题

1.商业服务劳动是指在（　　）中涉及的服务交换活动，是服务性劳动的一种重要形式。

A.农业种植　　　B.流通活动　　　C.经济活动　　　D.商业活动

2.商业服务劳动强调与（　　）的互动和沟通。

A.科技　　　　　B.技术　　　　　C.消费者　　　　D.生产力

3.劳动者需要具备（　　），能够迅速应对各种变化和挑战。

A.创新能力　　　　　　　　　　　B.团队协作能力

C.适应能力　　　　　　　　　　　D.应变能力

4.中国快递包裹业务量自（　　）年起稳居世界第一。

A.2012　　　　　B.2013　　　　　C.2014　　　　　D.2015

5.参照取件码找到快递，核对信息准确无误后，扫描包裹的条形码完成出库。以上是哪种校园驿站快递服务？（　　）

A.驿站开门营业与准备工作　　　　B.快递入库与分类

C.快递取件服务　　　　　　　　　D.寄件服务

二、多项选择题

1.商业服务劳动主要的形式包括（　　）。

A.零售与批发服务　　　　　　　　B.专业咨询服务

C.技术与信息服务　　　　　　　　D.物流与运输服务

2.劳动者需要具备与所从事的商业服务相关的技能，包括（　　）。

A.客户服务　　B.咨询服务　　C.销售技巧　　D.沟通技巧

3.按照约定的（　　）将信件、包裹、印刷品等物品按照封装上的名址寄送给特定个人或单位的活动。

A.时间　　　　B.时限　　　　C.方式　　　　D.效率

4.下列（　　）属于快递服务的主要从业人员？

A.快递员　　　　　　　　　　　　B.快递处理员

C.邮件快件安检员　　　　　　　　D.快递工程技术人员

5.寄件服务内容主要是指检查寄件物品，确保不是危险品、禁运品。之后进行（　　）作业。

A.称重　　　　B.包装　　　　C.推销　　　　D.计收运费

三、判断题

1.商业服务涵盖了商业领域的多个方面，旨在满足消费者和企业的多样化需求。（　　）

2.商业服务劳动要求劳动者遵守职业道德规范，保持诚信和正直的品质。（　　）

3.我国快递业已经进入"万亿件"时代，正从"快速增长"转向"高质量发展"。（　　）

4.校园快递驿站的主要服务内容是接收和派送来自各大快递公司的包裹。（　　）

5.驿站提供快递寄送服务，协助社会人员完成寄件流程。（　　）

任务拓展

尝试体验收银、服务员、导购员等其他类型的商业服务类职业，从而更深刻地理解从事这些职业的人们所面临的困难和付出的努力。通过职业体验，我们不仅能够更好地理解各个职业，还能促进社会各阶层之间的相互理解和尊重，共同构建和谐社会。

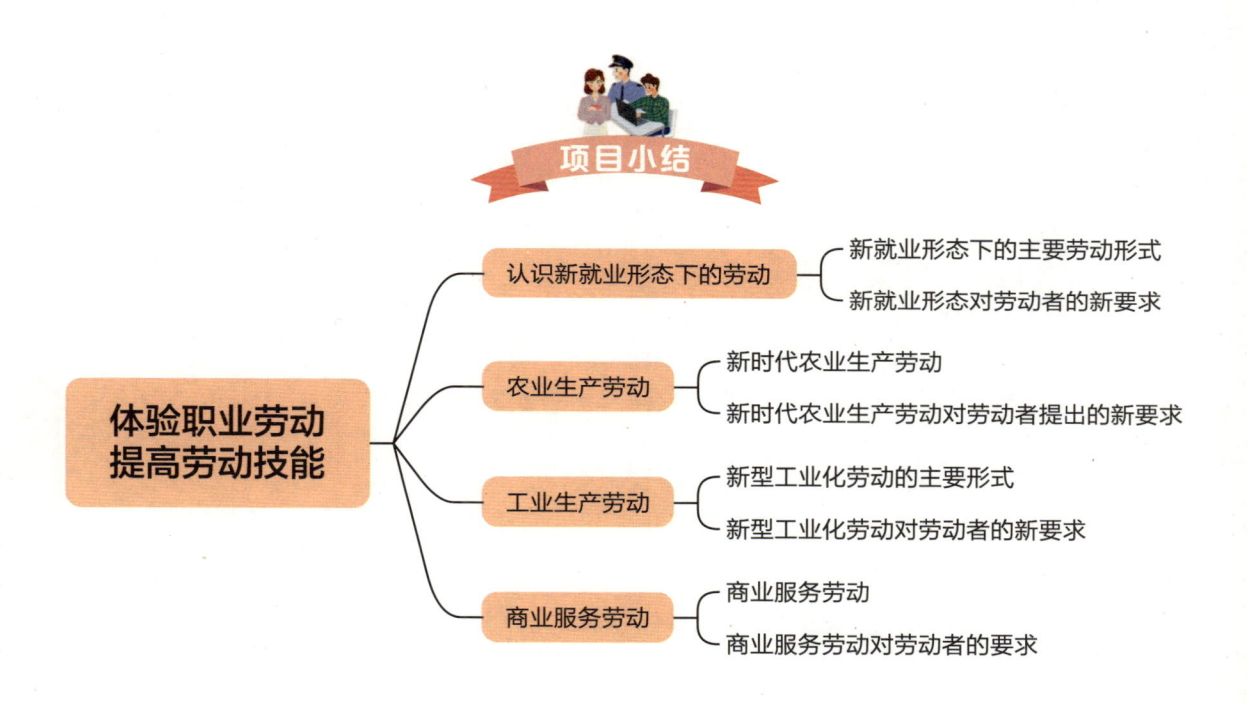

项目小结

体验职业劳动 提高劳动技能
- 认识新就业形态下的劳动
  - 新就业形态下的主要劳动形式
  - 新就业形态对劳动者的新要求
- 农业生产劳动
  - 新时代农业生产劳动
  - 新时代农业生产劳动对劳动者提出的新要求
- 工业生产劳动
  - 新型工业化劳动的主要形式
  - 新型工业化劳动对劳动者的新要求
- 商业服务劳动
  - 商业服务劳动
  - 商业服务劳动对劳动者的要求

习题答案

参考文献

［1］蔡瑞林，张根华，张国平.大学劳动教育［M］.北京：高等教育出版社，2021.

［2］曹燕.劳动与社会保障法入门笔记［M］.北京：法律出版社，2018.

［3］车俊.在兵团劳动模范和先进工作者表彰大会上的讲话［J］.兵团工运，2014（10）.

［4］陈宝生.全面贯彻党的教育方针 大力加强新时代劳动教育［N］.人民日报，2020-03-30（12）.

［5］陈锋，褚玉峰.新时代劳动教育理论与实践教程［M］.上海：同济大学出版社，2020.

［6］陈国维.大学生劳动教育［M］.北京：高等教育出版社，2020.

［7］陈伟，郑文.大学生劳动教育概论［M］.北京：高等教育出版社，2021.

［8］崔迎，孙艳丽，刘景良，等.职业安全与紧急避险［M］.天津：天津大学出版社，2016.

［9］郜书锴.全媒体时代我国报业的数字化转型［D］.杭州：浙江大学，2010.

［10］何云峰.劳动幸福论［M］.上海：上海教育出版社，2018.

［11］胡平.职业心理学［M］.北京：中国人民大学出版社，2015.

［12］槐艳鑫.新时代中国工匠精神研究［D］.杭州：杭州师范大学，2021.

［13］李珂.初次就业不迷"盲"：和谐劳动关系导读［M］.北京：机械工业出版社，2020.

［14］李珂.嬗变与审视：劳动教育的历史逻辑与现实重构［M］.北京：社会科学文献出版社，2019.

［15］刘建军.工匠精神［M］.北京：中共党史出版社，2020.

［16］刘向兵.大学生劳动教育通识［M］.北京：高等教育出版社，2022.

［17］刘向兵.用劳模精神、劳动精神、工匠精神凝聚新征程奋斗力量［J］.红旗文稿，2021（1）：38-40.

［18］柳友荣.新时代大学生劳动教育［M］.北京：高等教育出版社，2021.

［19］卢胜利，刘瑜，杨孝峰.新时代大学生劳动教育［M］.北京：高等教育出版社，2022.

［20］孟慧.职业心理学［M］.北京：中国轻工业出版社，2009.

［21］上官苗苗，李春华.论新时代劳动精神的内涵、价值与培育路径［J］.思想理论教育导刊，2020（6）：22-26.

［22］宋鑫.数字化时代生存问题的哲学回应［D］.大庆：大庆石油学院，2010.

［23］孙家学，耿艳丽，邵珠平.新时代高校劳动教育通论［M］.北京：高等教育出版社，2021.

［24］汤素娥，柳礼泉.高校劳动教育课程化的价值意蕴与实践方略［J］.思想理论教育导刊，2021（1）：101-105.

［25］陶志勇.新时代劳动观［M］.北京：中国工人出版社，2021.

［26］王月.当代中国工匠精神研究［D］.包头：内蒙古科技大学，2019.

［27］毛翠丽，侯银海，李明.中职生劳动教育教程［M］.北京：中国民主法治出版社，2021.

［28］顾建军.劳动教育［M］.南京：江苏凤凰教育出版社，2021.

［29］黄琼.新时代加强劳动教育的价值与实践路径［N］.中国教育报，2020-4-14（8）.

［30］檀传宝.树德 增智 强体 育美 培养有劳动素养的时代新人［N/OL］.光明日报，2020-3-27（11）.